Der offizielle MVV-Freizeitführer

WANDERN MIT DEM

Ausgewählte Wanderungen rund um München

Inhalt

Vorwort MVV 8

Vorwort BUND Naturschutz 11

1. Nach Weihenstephan
   Auf dem Klosterhügel steht die älteste Brauerei der Welt
   Mit der S1 nach Freising 14

2. Schlossbesuche in Schleißheim
   Der »Blaue Kurfürst« ließ zuerst den Park anlegen
   Mit der S1 nach Oberschleißheim 18

3. Rundtour über Haimhausen
   Zum schönsten Schloss François Cuvilliés'
   Mit der S1 nach Oberschleißheim 20

4. Nach Ampermoching und Dachau
   Wanderung durch die Flussauen der Amper
   Mit der S2 nach Röhrmoos 24

5. Die westlichen Amperauen
   Ein Vogelparadies am Stadtrand
   Mit der S2 nach Dachau 26

6. Parkwanderung
   Auf adeligen Spuren
   Obermenzing und Nymphenburger Schlosspark 28

7. Nach Dachau
   Liebe auf den ersten Blick …
   S3 nach Olching 32

8. Zum Kaiser-Ludwig-Monument
   Durch Waldwege nach Puch
   Mit der S4 nach Buchenau 34

Inhalt

9 Zum Kloster Fürstenfeld
In Bruck steht eine der schönsten Barockkirchen Bayerns
Mit der S4 nach Schöngeising 36

10 Nach Steinebach am Wörthsee
Aussichtsreiche Wanderung
Mit der S4 nach Grafrath 38

11 Zum Jexhof bei Mauern
Ein Bauernhofmuseum, umgeben von Wald
Mit der S4 nach Grafrath 42

12 Rundweg über St. Ottilien
Abwechslungsreiche Strecke durch Wald und Feld
Mit der S4 nach Geltendorf 44

13 Bis Hohenzell und zurück
Rundtour inmitten von Hügellandschaften
Mit der S4 nach Geltendorf 48

14 Durch die Aubinger Lohe
Ein Lehrpfad durch ein Naturschutzgebiet
Mit der S8 nach Harthaus 50

15 Rundweg zum Wörthsee
Eine Badewanne für Erholung suchende Münchner
Mit der S8 nach Weßling 52

16 Zum Kloster Andechs
Beliebte Pilgerroute durchs romantische Kiental
Mit der S8 nach Herrsching 54

17 Rundweg über Forst Kasten
Zum Stadtgrund außerhalb Münchens
Mit der S6 nach Planegg 56

18 Tour nach Possenhofen
Durch die Maisinger Schlucht zu Sisis Schloss
Mit der S6 nach Starnberg 58

Inhalt

19 Durch das Würmtal
Über Rieden und das Mühlthal zur Würm
Mit der S6 nach Starnberg-Nord 62

20 Berg und Bismarckturm
Eine Rundtour mit Sicht bis zu den Alpen
Mit der S6 nach Starnberg 64

21 Uferweg nach Tutzing
Schönste Stimmungsbilder garantiert
Mit der S6 nach Possenhofen 66

22 In die Starzenbachschlucht
Durch tiefe Waldtäler und entlang schöner Uferwege
Mit der S6 nach Possenhofen 68

23 Rundweg zum Deixlfurter See
Wiese, Wald, Schlucht – hier ist Abwechslung geboten
Mit der S6 nach Tutzing 70

24 Rundweg zur Ilkahöhe
Die Erbin derer von Vieregg gab dem Hügel den Namen
Mit der S6 nach Tutzing 74

25 Zum Kloster Schäftlarn
Eine der schönsten Kirchen Bayerns steht im Isartal
Mit der S7 nach Icking 76

26 Wolfratshauser Aussichtsrunde
Wo die Flößer jahrhundertelang den Ton angaben
Mit der S7 nach Icking 78

27 Durch die Pupplinger Au
Naturschutzgebiet mit botanischen Raritäten
Mit der S7 nach Wolfratshausen 80

28 Vom Bahnhof in den Biergarten
Wanderung durch Parklandschaft im Münchner Westen
Auf der Stammstrecke zum Hirschgarten 82

Inhalt

29 Im Isartal nach Großhesselohe
Biergartenkult in der Waldwirtschaft
Mit der S7 nach Höllriegelskreuth 86

30 Am Isarhochufer nach München
Musik von den Flößen begleitet uns
Mit der S7 nach Höllriegelskreuth 88

31 Vor die Tore Münchens
An der Isar der Sonne entgegen
Vom Isartor nach Pullach 90

32 Wörnbrunn und Grünwald
Ausflug mit Abstecher zu einer mittelalterlichen Burg
Mit der S3 nach Deisenhofen 94

33 Waldwanderung nach Taufkirchen
Durch die grüne Lunge am Rande der Stadt
Mit der S3 nach Furth 96

34 Durch das Gleißental
Am Deininger Weiher ist immer Ausflugssaison
Mit der S3 nach Deisenhofen 100

35 Zum Hackensee
Idyllischer See als Filmkulisse
Mit der S3 nach Holzkirchen 102

36 Zum Kastenseeoner See
Idyllischer Badesee bei Glonn
Mit der S7 nach Aying 104

37 Nach Großhelfendorf
Aussichtsreiche Wanderung auf Moränenhügeln
Mit der S7 nach Aying 106

38 Zum BergTierPark Blindham
Eine abwechslungsreiche Runde – nicht nur für Kinder
Mit der S7 nach Großhelfendorf 108

Inhalt

39 Nach Hohendilching
Schöne Rundwanderung an den Ufern der Mangfall
Mit der S7 nach Kreuzstraße 112

40 Nach Niederaltenburg
Traumhafte Wege am Ufer der Mangfall
Mit der S7 nach Kreuzstraße 116

41 Rundtour nach Valley
Uferidylle am Wasser
Mit der S7 nach Kreuzstraße 118

42 Egglburg und Ebersberg
Die Ziel-Stadt dieser Tour war einst kultureller Mittelpunkt Bayerns
Mit der S4 nach Kirchseeon 120

43 Aussichtsturm und Museum
Von der Ludwigshöhe gibt es den schönsten Blick ins Land
Mit der S4 nach Ebersberg 122

44 Zum Wildpark Poing
Erlebnis-Tour durch den wildreichsten Park Deutschlands
Mit der S2 nach Poing 124

45 Um den Kronthaler Weiher
Die Sempt schenkte der Stadt zwei natürliche Burggräben
Mit der S2 nach Erding 126

46 Aufkirchener Runde
Ein schlanker Zwiebelturm beherrscht das Land
Mit der S2 nach Erding 128

47 Nach Pretzen und Aufhausen
Ruhige, beschauliche Wanderung
Mit der S2 nach Altenerding 130

48 Rundtour nach Sonnendorf
Äcker, Bäche und Kirchen säumen den Weg
Mit der S2 nach Ottenhofen..................................... 132

Inhalt

49 Nach Freising
Anspruchsvolle Wanderung durch die Isarauen
Mit der S8 nach Ismaning.. 134

50 Rundweg über Halmsried
Aus der Lokalbahn wurde doch noch eine S-Bahn
Mit der S2 nach Altomünster..................................... 138

Register 140

Impressum 144

Zeichenerklärung

→→	Wandertour mit Laufrichtung	🌀	Windmühle
----	Tourenvariante	⚙	Mühle
A E	Ausgangs-/ Endpunkt der Tour	✖	Einkehrmöglichkeit
=□=	Bahnlinie mit Bahnhof	🅡	Rastplatz
=S=	S-Bahn	🛏	Übernachtungsmögl.
🚠	Seilbahn	🅙	Jugendherberge
Ⓗ	Bushaltestelle	🔺	Campingplatz
Ⓟ	Parkmöglichkeit	⛺	Schutzhütte
⚓	Hafen	🅓	Denkmal
◇	Fähre	ⓘ	Information
✈	Flugplatz	〰	Bademöglichkeit
⊐⊏	Tunnel	🐎	Reitanlage
⨯	Pass/ Sattel	🦌	Wildpark/ Tiergehege
⋯	Landesgrenze	🕳	Höhle/ Grotte
⛪⛪	Kirche/ Kloster	🧱	Prähist. Fundstelle
🏰🏰	Burg/ Schloss/ Ruine	🌳	Naturdenkmal
✝	Wegkreuz	✳	Sehenswerter Ort
🏛	Museum	🅣	Tourentipp
🗼	Turm	✺	Aussichtsstelle
🗼	Leuchtturm	💧	Quelle
🌀	Windpark	💦	Wasserfall
		NSG	Naturschutzgebiet

Vorwort

Bequem, zuverlässig, umweltfreundlich

Mit dieser Neuauflage des MVV-Wander- und Freizeitführers laden wir Sie und Ihre Familie ein, das reizvolle Münchner Umland von seiner angenehmsten Seite kennenzulernen. Vorbei an Verkehrsstaus, Stress und Parkplatzsuche haben wir 50 erholsame und gleichermaßen abwechslungsreiche Wanderrouten zusammengestellt, die mit dem MVV optimal erschlossen sind. Sie benötigen lediglich festes Schuhwerk, ein wenig freie Zeit sowie genügend Freude an Natur und Kultur, dann steht einem gelungenen Ausflug nichts im Wege. Ob entspannter Spaziergang oder anspruchsvollere Wanderung, ob kultureller Anreiz oder Naturidyll – das MVV-Wanderbuch hat eine Menge zu bieten.

> **Tipp**
> Weiterführende Informationen, insbesondere zu Fahrplan oder Fahrpreisen, erhalten Sie auf unserer Homepage www.mvv-muenchen.de sowie über das MVV-Infotelefon 089/41 42 43 44. Auch mit unserer neu eingeführten MVV-Freizeit-App wird Ihr Smartphone zum ergänzenden, praktischen Begleiter durch Wald und Flur.

Unsere Touren führen etwa zum bedeutenden, frisch restaurierten Kloster Schäftlarn (Tour 25), an heißen Sommertagen auf schattigen Wegen durch die romantische Maisinger Schlucht (Tour 18) oder das schöne Isartal (Tour 31). Besonders für Familien mit Kindern gibt es zahlreiche spannende Orte zu entdecken, etwa die mittelalterliche Burg Grünwald (Tour 32), das Bauernhofmuseum Jexhof (Tour 11) oder die Flugwerft Schleißheim (Tour 2). Das Netz des MVV ist groß, die Vielfalt der Ausflugsmöglichkeiten beinahe grenzenlos.

Neben einer ausführlichen Wegbeschreibung einschließlich Wissens- und Sehenswertem enthält jede Tour zunächst Angaben zu Länge, Dauer

Vorwort

sowie Schwierigkeitsgrad der Routen. Kartenskizzen erleichtern Ihnen die Orientierung. Die Beschreibung beliebter Wirtshäuser und Biergärten entlang der Routen lädt darüber hinaus zum gemütlichen Einkehren ein – das »(B)« nach den Hinweisen auf Einkehrmöglichkeiten bedeutet im Übrigen »Biergarten«! Die An- und Abreise mit dem MVV ist jeweils klar erläutert. Für die meisten Ziele empfehlen wir die attraktiven MVV-Tageskarten. Gerade Gruppen bis zu fünf Personen oder Familien fahren mit unseren Gruppen-Tageskarten besonders preisgünstig – auch so macht Wandern Spaß.

Es gibt nichts schöneres als einen ersten Frühlingsausflug nach Herrsching am Ammersee.

Vorwort

Wer mit dem MVV anreist, darf sich ohne Bedenken im Biergarten eine kühle Maß bestellen.

Reichhaltige Natur, Tradition, Ruhe und Gelassenheit – das Münchner Umland ist der ideale Ort, um den Alltag zu vergessen und neue Kräfte zu sammeln. Gönnen Sie sich und auch Ihrem Auto eine Auszeit. Die Busse und Bahnen im MVV bringen Sie bequem, zuverlässig und vor allem umweltfreundlich zu den schönsten Ausflugszielen und selbstverständlich auch wieder sicher nach Hause.

Wir wünschen Ihnen erholsame Stunden und viel Spaß beim Wandern!
Ihr MVV

Vorwort

Werden Sie zum Entdecker!

Haben Sie sich auch schon über Ausflugsratgeber geärgert, die voraussetzen, dass man ganz selbstverständlich mit dem Auto zum Startpunkt der Tour kommt? Dabei ginge es oftmals anders. Mit diesem Buch will der BUND Naturschutz Ihnen Mut machen: Für eindrucksvolle Erlebnisse braucht man kein Auto. Im Gegenteil: Autofrei unterwegs zu sein bedeutet, neue Freiheiten zu entdecken. Lassen Sie Ihren Ausflug nicht dort enden, wo Sie ihn begonnen haben. Genießen Sie den Blick auf die an der S-Bahn vorbeiziehende Landschaft und ihre Veränderungen. Werden Sie zum Entdecker.

Je öfter Sie sich auf den Weg machen, desto mehr schärfen sich Ihre Sinne für die Vielfalt unserer Landschaft. Wie sehr diese Vielfalt insbesondere auch der BUND Naturschutz mitgeprägt hat, zeigt sich vielerorts. Unser Einsatz rettet Landschaften. Möglicherweise erinnern Sie sich daran, wenn Sie gemütlich im Biergarten am Forsthaus Kasten sitzen (Tour 17). Seit über 30 Jahren kämpft der BUND Naturschutz dafür, dass hier keine neue Autobahn, die A99 Süd, durch den Wald gebaut wird. Und die Erhabenheit der Schlossanlage Schleißheim darf auch deshalb weiterhin ihre Wirkung unbeeinflusst entfalten (Tour 2), weil in den Nachbargemeinden die vom BUND Naturschutz mitgetragenen Bürgerbegehren die Diskussion über eine »Stadt mit Maß« angestoßen haben. Geplant waren dort ein fast 100 Meter hoher Bürokomplex sowie eine gigantische »Therme« mit angeschlossenem Gewerbegebiet. Bei anderen Touren bieten sich Abstecher zu Schwerpunkten unserer Arbeit an: Südlich von Herrsching erwartet das BUND Naturschutz Jugend- und Erlebniszentrum in Wartaweil kleine und große Naturentdecker. Nahe des Deininger Weihers (Tour 34) konnten wir ein trockengelegtes Moor

Tipp
Mehr Infos rund um den BUND Naturschutz in Bayern e.V., zu den Wanderangeboten und Broschüren sowie zu unseren Aktionen erhalten Sie unter:
BUND Naturschutz,
Kreisgruppe München,
Pettenkoferstraße 10a,
80336 München
(Nähe Sendlinger Tor Platz)
Tel. 089/51 56 76-0, Fax -77
info@bn-muenchen.de
www.bn-muenchen.de
Werden Sie Teil im Netz des Lebens! Werden Sie Mitglied im BUND Naturschutz! Denn die Erde braucht Freunde!

Die Vielfalt der Natur zu entdecken, macht nicht nur Kindern Spaß.

dank großzügiger Spenden erwerben und wieder vernässen. Nun kann sich das Moor regenerieren. Und mit einer kleinen, versteckt angelegten Biotopfläche in der Aubinger Lohe (Tour 14) haben wir dem dort vorkommenden Kammmolch unter die Arme gegriffen. Der Tümpel ist die letzte bekannte Stelle, an der die »kleinen Drachen« in München vorkommen.

Der Reichtum unserer Umwelt ist Erfolg unseres Einsatzes, doch auch die Kräfte des BUND Naturschutz sind erschöpflich, und nicht immer sind wir erfolgreich. Dem findigen Auge bleiben die Punkte nicht verborgen, wo unsere Kulturlandschaft aus dem Gleichgewicht gerät. Sei es, weil ein Feldgehölz fehlt, das nicht nur die Gleichförmigkeit von Äckern und Feldern wohltuend unterbrechen würde, sondern auch wertvolles Refugium für Tiere ist. Oder weil Feldlerche, Schwalbenschwanz, Laubfrosch, Feldhase oder Blindschleiche immer seltener Begleiter unserer Wanderungen sind. Wir wollen diese Vielfalt für uns selbst und für unsere Kinder und Enkel erhalten. Umweltschutz startet hier, vor unserer Haustür. Es ist nie zu spät, damit zu beginnen.

Vorwort

Aus diesem Grund gehen wir mit Kindern in die Natur und begeistern Erwachsene bei Wanderungen und Exkursionen für das wunderbare Netz des Lebens. Wir Menschen sind ein Teil davon. Wandern mit dem MVV gehört für uns zu einem Lebensstil, der unsere Landschaften in ihrer Schönheit erhalten will. Unsere Broschüre »Bio-Genusstour« oder unsere Wandervorschläge »Mit Bahn und Bus in die Berge«, zu finden unter www.zugspitzen.de, laden Sie zu weiteren Ausflügen ein.

Viel Spaß beim autofreien Entdecken des Münchner Umlandes
wünscht Ihnen
Ihr BUND Naturschutz in München

Mit der S7 erreichen wir unkompliziert die Stadt Wolfratshausen an der Loisach.

Mit der S1 nach Freising

1 Nach Weihenstephan
Auf dem Klosterhügel steht die älteste Brauerei der Welt

Bis ins 14. Jh. galt der Freisinger Domberg als geistlicher und weltlicher Mittelpunkt Oberbayerns. Heute hat sich der zweite Hügel der Stadt, der Weihenstephaner Berg, zu einem »Berg der Gelehrsamkeit« entwickelt.

Wir verlassen den Bahnhof Freising auf seiner Westseite und gehen linker Hand, dann der Rechtskurve folgend zur Ampelanlage. Diese überqueren wir geradeaus und folgen der Saarstraße. An der nächsten Ampelanlage für Fußgänger gehen wir linker Hand mit Schild »Weihenstephan« in den Stadtpark entlang der Moosach, die wir wenig später über eine Brücke queren. Nun geht es den Weihenstephaner Fußweg in südlicher Richtung steil bergauf – den links abzweigenden, auf gleicher Höhe bleibenden Höhenweg ignorieren wir dabei –, vorbei am Oberdiekgarten und Hofgarten nach Weihenstephan. Dann wandern wir auf der anderen Bergseite den Weihenstephaner Berg hinunter. An der Vöttinger Straße angekommen, folgen wir dieser rechter Hand bis zur Straße »Am Staudengarten«, der wir nun nach links folgen. Es geht nun geradeaus über eine Ampelkreuzung, vorbei am Sichtungsgarten Weihenstephan, der zu einer Besichtigung einlädt. Am Ende der Straße »Am Staudengarten« folgen wir rechts der »Langen Point«. Dann biegen wir links in die Wippenhauser Straße ab. Am Wettersteinring biegen wir wieder nach links auf den Rad- und Fußweg Richtung Wippenhausen ab. Nun zweigt rechter Hand ein Schotterweg bergauf zum Gasthaus Plantage ab. Dort angekommen, gehen wir rechts und gleich wieder links auf einem Fußweg ein Stück auf dem Walderlebnispfad, der auch für einen

- **Abfahrt:** S1 ab M-Hbf tief alle 20/40 Min., RE ab M-Hbf alle 20/40 Min.
- **Fahrzeit:** S1 41 Min., RE 23 Min. (einfach)
- **Fahrpreis:** 3 Zonen/6 Streifen (einfach); Tageskarte Gesamtnetz
- **Route:** Freising – Weihenstephaner Berg – Hofgarten – Oberdiekgarten – Universitäts-Anlagen – Freisinger Forst – Freising
- **Weglänge:** 8 km
- **Gehzeit:** 2 Std.
- **Anspruch:** Abwechslungsreiche, ausgedehnte Tour durch Stadt- und Waldgebiet
- **Einkehr:** Plantage (B); Weihenstephan: Bräustüberl Weihenstephan (B)

Nach Weihenstephan

Der Freisinger Domberg spiegelt sich in der Isar.

Abstecher lohnt. Ansonsten verlassen wir diesen an der nächsten Wegkreuzung rechts. Nach wenigen Metern wenden wir uns linker Hand der geteerten Fahrstraße bergauf zu. An der Hauptstraße an der Waldsiedlung angekommen, gehen wir ein kurzes Stück nach links. Nach wenigen Metern geht es nun gleich wieder nach rechts. Hier folgen wir dem Radwegweiser »Marzling« in den Wald. An der Hauptstraße wandern wir hinüber zur Kleinen Wieskirche und folgen dem südlichen Waldrand auf einem Schotterweg nach Freising. Am Ortseingang gehen wir links in die Wiesenthalstraße und weiter durch die Alte Poststraße. An deren Ende führt der Weg dann geradeaus über die Ampelkreuzung in die Fußgängerzone der General-von-Nagel-Straße. An deren Ende wenden wir uns

Mit der S1 nach Freising

rechts in die Untere Hauptstraße, laufen vorbei am Marienplatz mit der Mariensäule und dann links in die Bahnhofstraße, die uns zurück zum Bahnhof in Freising führt.

Die älteste Brauerei der Welt

Den Benediktinern, die seit 1020 auf dem Weihenstephaner Berg ein Kloster unterhielten, soll bereits 1040 das Braurecht verliehen worden sein. Das Hofbrauhaus Freising (Moy-Bier) leitet seine Brautradition von den frühen Freisinger Bischöfen ab. Es ist darum eventuell älter, hat aber einen urkundlichen Nachweis erst von 1160. Heute stehen auf dem Hügel die Gebäude der berühmten Hochschule für das Brauwesen.

Die Wieskirche

Die »Kleine Wies« im Norden der Stadt wurde zwischen 1746 und 1748 gebaut, um einer Kopie des Gnadenbildes der Steingadener Wieskirche (der gegeißelte Jesus) einen würdigen Platz zu geben. Die kleine Wallfahrtskirche nach dem Steingadener Vorbild enthält interessante Votivgaben und -bilder.

Die Säule auf dem Marienplatz

Die Säule auf dem Marienplatz stammt aus dem Jahr 1674. Sie ist der Münchener Mariensäule nachempfunden, die 1638 entstand, und zeigt am Sockel die Figuren der Schutzpatrone der Stadt: Korbinian, Sigismund, Norbert und Franziskus.

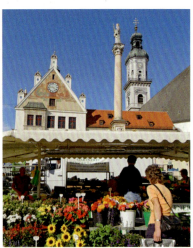

Am Grünen Markt auf dem Freisinger Marienplatz vor dem Rathaus ist immer etwas los.

Nach Weihenstephan

In Weihenstephan steht das Abt-Sommerhaus des ehemaligen Benediktinerklosters in einem prunkvollen Garten.

Mit der S1 nach Oberschleißheim

2 Schlossbesuche in Schleißheim

Der »Blaue Kurfürst« ließ zuerst den Park anlegen

Kurfürst Max Emanuel ließ zum Schloss Parkanlagen nach dem Vorbild von Versailles anlegen. Dazu gehörte ein Kanalsystem, das Wasserwegverbindungen zwischen den Schlössern Nymphenburg, Dachau und Schleißheim schuf.

Vom östlichen Bahnhofsausgang in Oberschleißheim biegen wir zunächst rechts in die Rotdornstraße und gehen weiter in die Mittenheimer Straße. Ebenso gut können Sie aber auch vom westlichen Bahnhofsausgang links direkt in die Mittenheimer Straße gelangen. Ihr folgen wir über die Gartenstraße und die Kreuzung der Dachauer- und Freisinger Straße, weiter geradeaus in die Effnerstraße. Im Schlosspark wandert man beliebig durch die Anlagen zum Schloss Lustheim am Ostende des Parks.

■ **Abfahrt:** Ab M-Hbf tief alle 20 Min.
■ **Fahrzeit:** 21 Min. (einfach)
■ **Fahrpreis:** 2 Zonen/4 Streifen (einfach); Tageskarte München XXL
■ **Route:** Oberschleißheim – Altes Schloss – Schloss Lustheim – Oberschleißheim
■ **Weglänge:** 6 km
■ **Gehzeit:** 1 ¼ Std.
■ **Anspruch:** Leichter Spaziergang durch weitläufige Parkanlagen mit Kanälen und Kaskaden; zugleich ein Ausflug in die Kunst- und Kulturgeschichte des Barockzeitalters in Bayern
■ **Einkehr:** Schleißheim: Schlosswirtschaft (B); Lustheim: Zum Kurfürst

Das Schloss Oberschleißheim

Im Gebiet von Schleißheim hatte schon Herzog Wilhelm V. Ende des 16. Jh. ausgedehnte Ländereien, u. a. vom Domkapitel Freising, erworben und eine große Schwaige und ein Herrenhaus errichtet. 1616 ließ Kurfürst Maximilian I. das frühere Herrenhaus von Heinrich Schön zum Schloss umbauen (Altes Schloss). Seit etwa 1683 plante Kurfürst Max Emanuel (der »Blaue Kurfürst«) eine neue Schlossanlage und beauftragte Enrico Zuccalli mit der Ausführung. Zunächst entstand auf 163 Tagwerk die Parkanlage und an ihrem Ostende zwischen 1684 und 1689 Schloss Lustheim. 1701 begann der Bau des Neuen Schlosses, eines langgestreckten, monu-

Schlossbesuche in Schleißheim

Die Würm fließt durch das Gelände des Oberschleißheimer Schloßparks.

mentalen Gebäudes mit einer 330 Meter langen Front. 1704 unterbrach der Spanische Erbfolgekrieg die Bauarbeiten. Der Kurfürst musste ins Exil. 1719 ging der Bau unter Josef Effner weiter, ruhte 1727 erneut, und erst 1847/48 unter König Ludwig I. wurde das Schloss nach den alten Plänen fertiggestellt. Besonders sehenswert sind das geschnitzte Ostportal, ein Werk Ignaz Günthers, der Treppenaufgang mit einem Gewölbefresko (Venus bei Vulkan) von Cosmas Damian Asam, der von Johann Baptist Zimmermann stuckierte Festsaal und die bedeutende Galerie von Gemälden des europäischen Barock (Teil der Bayerischen Staatsgemäldesammlungen). In Schloss Lustheim ist die Sammlung Schneider mit frühem Meißner Porzellan zu sehen, die bedeutendste außerhalb Dresdens (Dauerausstellung).

> **Tipp**
>
> Das Deutsche Museum zeigt einen wichtigen Teil seiner Luftfahrtsammlung auf dem Flugplatz Oberschleißheim. Sie erreichen es, indem Sie der Effnerstraße ein kurzes Stück nach Süden folgen. Die Flugwerft ergänzt die Luftfahrtausstellung des Deutschen Museums auf der Museumsinsel mit Hubschraubern, Hängegleitern, 50 Flugzeugen und einer EUROPA-Rakete. Zudem gibt es eine Ausstellung zur Geschichte dieses Flugplatzes (Informationen unter www.deutsches-museum.de).

Mit der S1 nach Oberschleißheim

3 Rundtour über Haimhausen
Zum schönsten Schloss François Cuvilliés'

Diese Roundtour führt uns durch die schöne Landschaft des Dachauer Mooses nach Marienmühle und weiter nach Haimhausen und Bergl.

Von der Westseite des Bahnhofes in Oberschleißheim gehen wir auf der Mittenheimer Straße nach rechts in nördliche Richtung und nehmen dann am Ende des Ortsteiles in Mittenheim die Birkhahnstraße nach links, die uns durch Wiesen und Felder in Richtung Riedmoos über die A92 führt. Vor dem Ort geht es an einer Kreuzung rechter Hand durch den Ort nach Norden auf der Würmbachstraße. Bei den letzten Häusern dieses Ortsteils von Unterschleißheim schwenken wir nach rechts, wenig später wieder nach links in die nördliche Richtung zur Marienmühle. An dieser Weggabelung kann man auch geradeaus zum Unterschleißheimer See gehen und die Tour so um ein Drittel verkürzen. Auf der Normalroute schwenken wir vor Marienmühle linker Hand in die Mühlenstraße, auf der wir auch durch Ottershausen gehen. Dort biegen wir rechts ab in die Dachauer Straße

■ **Abfahrt:** Ab M-Hbf tief alle 20 Min.
■ **Fahrzeit:** 21 Min. (einfach)
■ **Fahrpreis:** 2 Zonen/4 Streifen (einfach); Tageskarte München XXL
■ **Route:** Oberschleißheim – Riedmoos – Haimhausen – Unterschleißheim – Oberschleißheim
■ **Weglänge:** 18 km
■ **Gehzeit:** 4 Std.
■ **Anspruch:** Ausgedehnte Wanderung durch die ebene Mooslandschaft des Dachauer Mooses; kurzer, lohnender Abstecher zum sehenswerten Schloss Haimhausen
■ **Einkehr:** Marienmühle (B); Haimhausen: Il Fagiano; Berglholz: Gaststätte Bergl (B)

Zur Geschichte Haimhausens
Haimhausen, erstmals 829 erwähnt, hatte zahlreiche Herren. Im 12. Jh. waren es die Grafen von Valley, nach deren Aussterben fiel es 1310 dann an Herzog Otto II. von Bayern und blieb im Besitz der Wittelsbacher, verwaltet von Pflegern, bis Herzog Wilhelm V. Schloss und Hofmark einem von ihnen, Theodor Viepeck, zum Lehen gab. Dessen Familie wurde 1615 zu Freiherrn, 1692 zu Reichsgrafen von Haimhausen erhoben. Von den Reichsgrafen erwarb das Schloss schließlich im Jahre 1892 die Industriellenfamilie Haniel.

Die Amper bei Haimhausen

(St 2339) Richtung Haimhausen. Dann geht es erneut rechts auf der Hochstraße aus dem Ort und ein drittes Mal rechts in den Mittleren Heuweg über Felder und durch Wälder in südlicher Richtung weiter zum Unterschleißheimer See. Auf dem Furtweg überqueren wir die A92. An seinem Ende geht es rechter Hand kurz in die Hauptstraße und gleich darauf linker Hand in die Berglstraße – in der Verlängerung ist das der Robert-Koch-Weg. An dessen Ende unterqueren wir den Münchner Ring und gehen nun in südlicher Richtung vorbei am links liegenden Waldfriedhof über die Felder geradeaus in das Berglholz. Wegabzweigungen zu beiden Sei-

Mit der S1 nach Oberschleißheim

ten ignorieren wir dabei. So gelangen wir auf die Waldlichtung der Gaststätte Bergl. Von hier aus geht es weiter nach Süden durch den Wald. Am Waldrand halten wir uns »Am Stichgartl« rechts und kommen dann nach links auf der Rotdornstraße zum S-Bahnhof Oberschleißheim zurück. Alle, die bereits in Unterschleißheim zurückfahren möchten, können nahe der Berglstraße die S-Bahn nehmen.

Das Schloss Haimhausen

Zwischen 1747 und 1754 baute der kurfürstliche Hofbaumeister François Cuvilliés d. Ältere im Auftrag des damaligen Reichsgrafen von Haimhau-

Rundtour über Haimhausen

sen ein Gebäude des 17. Jh. zu einem Rokokoschloss von schlichter Eleganz um. Es ist ein stattlicher dreigeschossiger Hauptbau mit zweigeschossigen Seitenflügeln. Wohl nach dem Vorbild von Nymphenburg entstand an der Gartenfront eine doppelläufige Freitreppe. Das Schloss beherbergt heute die private Bavarian International School. Man kann es von außen anschauen. Die Wand- und Deckengemälde (J. G. Bergmüller) und die feinen Stuckaturen im Inneren sind leider nicht öffentlich zugänglich. Das Schloss ist über die Dachauer Straße nach Haimhausen zu erreichen (am Abzweig zur Hochstraße geradeaus gehen). Ein wirklich lohnender Abstecher auf dieser Wanderung.

Heute befindet sich im Schloss Haimhausen eine Privatschule.

4 Nach Ampermoching und Dachau

Wanderung durch die Flussauen der Amper

Am Stadtrand von Dachau beendet die Würm ihren Weg vom Auslauf aus dem Starnberger See (früher Würmsee) bis zur Einmündung in die Amper. Ihr Name soll keltischen Ursprungs sein und »die Reißende, Schnelle« bedeuten.

Vom Bahnhof in Röhrmoos gehen wir an seiner Ostseite auf der Bahnhofstraße rechts, überqueren die Schönbrunner Straße und folgen der Lagerhausstraße. Dann wandern wir links über die Blumenstraße und auf der Schönbrunner Straße der DAH 3. Später biegen wir rechts in die Bürgermeister-Hallerstraße, dann wieder rechts in die Unterweilbacher Straße ein. Nach dem Bründlfeldweg linker Hand gehen wir an der dritten Abzweigung in der Senke beim Lotzbach ebenso linker Hand auf dem Feldweg in östlicher Richtung weiter, bleiben dabei zunächst neben dem Bach, schwenken dann aber am Waldrand an der dritten Weggabelung nach Südosten rechter Hand und kommen durch das Bründlholz nach Mariabrunn. Wegabzweigungen zu beiden Seiten ignorieren wir dabei. Von Mariabrunn geht es weiter nach Süden, an der nächsten Weggabelung geradeaus. Wir folgen an der darauffolgenden rechter Hand dem Waldrand in einer Linkskurve über freies Feld zur Purtlhofer Straße, die links nach Ampermoching führt. An deren Ende gehen wir rechts auf der Indersdorfer Straße in die Ortsmitte. Dann verlassen wir den Ort auf der Haimhauser Straße, überqueren die Amper und biegen gleich rechts auf den Ufer

- **Abfahrt:** Ab M-Hbf tief alle 20/40 Min.
- **Fahrzeit:** Hinfahrt 29 Min.; Rückfahrt S2 ab Dachau 23 Min., RE ab Dachau 13 Min.
- **Fahrpreis:** Hinfahrt 3 Zonen/6 Streifen; Rückfahrt 2 Zonen/4 Streifen; Tageskarte Gesamtnetz
- **Route:** Röhrmoos – Mariabrunn – Ampermoching – Dachau
- **Weglänge:** 13 km
- **Gehzeit::** 2 ¾ Std.
- **Anspruch:** Abwechslungsreiche Tour mit Streckenabschnitten durch Wald und Auenlandschaft
- **Einkehr:** Mariabrunn: Schlossgaststätte (B); Ampermoching: Gasthaus Zur Post

Tipp
Archäologen wurden in Ampermoching fündig. So konnten Reste einer keltischen Siedlung aus der Latènezeit (5. bis 1. Jh. v. Chr.) in der Nähe eines Sportgeländes entdeckt werden. Die Gebäudegrundrisse dürften aus dem 2. oder 3. Jh. v. Chr. stammen. Damit ändert sich auch der Gründungstermin von Ampermoching: 748 erstmals urkundlich erwähnt, könnte der Ort auf diese Weise 800 Jahre älter sein.

Der Biergarten in Mariabrunn ist einer der schönsten im Münchner Norden.

weg ein. Bei der Würmmühle wechseln wir zum anderen Ufer, bis wir in Dachau die Erich-Ollenhauer-Straße erreichen. Dieser folgen wir über die Amperbrücke nach links. Dann gehen wir auf der anderen Uferseite der Amper rechts weiter und queren dabei die Bahnlinie. An der Martin-Huber-Straße biegen wir links ein und kommen in der Verlängerung auf der Frühlingstraße zum S-Bahnhof in Dachau, den wir über den Bahnhofplatz erreichen.

Die Dorfkirche St. Petrus

Die schöne Dorfkirche St. Petrus in Ampermoching stammt aus dem 15. Jahrhundert; 1839 wurde sie erweitert. Die heutige Einrichtung entstand um 1670. Den Hochaltar krönt eine geschnitzte Figur des Kirchenpatrons St. Petrus auf dem Thron aus dem Jahr 1670. Besonders wertvoll ist eine Muttergottesfigur aus dem 16. Jahrhundert im Langhaus.

Mit der S2 nach Dachau

5 Die westlichen Amperauen
Ein Vogelparadies am Stadtrand

Im 19. Jh. entwickelte sich Dachau zum berühmten Künstlerort. So lebten u. a. Carl Spitzweg, Fritz von Uhde, Max Liebermann oder Ludwig Thoma für einige Zeit hier und schufen dabei einige ihrer bedeutendsten Werke.

Am S-Bahnhof Dachau-Bahnhof nehmen wir die Bahnhofstraße in westliche Richtung, überqueren die Münchener Straße und gehen weiter nach Westen durch die Schillerstraße und auf ihrer Verlängerung, der Ludwig-Dill-Straße, am Freibad vorbei bis zur Amperbrücke. Hier biegen wir zuvor links auf den Uferweg ein und folgen ihm nun durch die Flussauen. Nach dem Gasthof Alte Liebe wendet sich der Weg in einer Linkskurve von der Amper. Noch vor dem Weg »Am Kalterbach« gehen wir rechter Hand weiter durch die Flussauen. Vor der Eschenrieder Straße zweigt parallel ein Weg über die Amper ab und bis zum Kanal über eine Brücke. Auf dem anderen Ufer wandern wir nun in östlicher Richtung am Elektrizitätswerk vorbei bis zur Ludwig-Dill-Straße. Der restliche Weg über die Schiller- und Bahnhofstraße entspricht dem Hinweg zurück zum Bahnhof in Dachau.

- **Abfahrt:** Ab M-Hbf tief alle 20 Min., RE ab M-Hbf alle 30/60 Min.
- **Fahrzeit:** Hinfahrt S2 21 Min., RE 11 Min.; Rückfahrt S2 23 Min., RE 13 Min.
- **Fahrpreis:** 2 Zonen/4 Streifen (einfach); Tageskarte München XXL
- **Route:** Dachau – Amperbrücke – Mitterndorf – Dachau
- **Weglänge:** 10 km
- **Gehzeit:** 2 ½ Std.
- **Anspruch:** Reizvolle Wanderung ohne Steigungen durch die westliche Stadt und entlang der breit angestauten Amper durch Auenvegetation und Parkanlagen
- **Einkehr:** Dachau: Alte Liebe (kurzer Abstecher in die Amperauen), Zieglerbräu (B)

Das Dachauer Schloss

Auf der steilen Tertiär-Anhöhe mit der Altstadt, um die sich in allen Himmelsrichtungen die jüngeren Stadtviertel ausbreiten, gab es im Mittelalter eine gut befestigte Burg. Nach den Plänen von Heinrich Schöttl entstand dort zwischen 1546 und 1573 ein großes Renaissanceschloss, von dem heute nur noch der Westflügel erhalten ist. Der große Festsaal birgt ein mythologi-

Die westlichen Amperauen

Im Anschluss der Wanderung sollte man sich unbedingt noch das Dachauer Schloss ansehen.

Tipp

Das Dachauer Volksfest findet jedes Jahr in der Woche von Mariä Himmelfahrt (15. August) statt, startet an einem Samstag, dauert zehn Tage und endet stets am Montag nach Mariä Himmelfahrt. Es steht für konkurrenzlos niedrige Bierpreise und zieht große Mengen von Besuchern an – auch der Festzug zur Eröffnung, das Feuerwerk und die Atmosphäre machen es zu einem Erlebnis. Alle zwei Jahre findet zudem ein Kinderfestzug statt.

sches Fries, um 1567 von Hans Thonauer gemalt, und eine reich geschnitzte Kassettendecke, die Hans Wisreuter 1564–67 schuf. 1715 baute der in Dachau geborene Josef Effner das Schloss um. Von ihm stammen der Treppenaufgang und die Gartenfassade. Der schöne Schlossgarten mit seinen Terrassen reichte früher bis ins Ampertal. Er bietet einen weiten Blick ins Land bis nach München und zum Alpenrand. Dabei kann man an föhnigen Tagen auch einige Berge erkennen, z. B. die Zugspitze oder das Karwendelgebirge.

Mit der S2 nach Obermenzing

6 Parkwanderung
Auf adeligen Spuren

Der Nymphenburger Park bietet neben dem Weg am Kanal viele schöne Seitenwege, zum Beispiel am Kleinen See, die eine Wanderung wert sind. Und zu einem Abstecher in exotische Pflanzenwelten lädt der Botanische Garten ein.

Vom S-Bahnhof Obermenzing folgen wir der Verdistraße stadteinwärts in östlicher Richtung. Wir unterqueren eine weitere Bahnlinie und gehen wenig später rechter Hand in einen Fußweg, dem wir über den Kaskadenweg in südliche Richtung folgen. Wir kreuzen die Pagodenburgstraße und wandern weiter in südlicher Richtung über eine Wiese. Dann stoßen wir an einer Gabelung auf den Weg »An der Schlossmauer«, dem wir

■ **Abfahrt:** Ab M-Hbf tief alle 20 Min.
■ **Fahrzeit:** Hinfahrt 9 Min.; Rückfahrt 11 Min.
■ **Fahrpreis:** 1 Zonen/2 Streifen (einfach); Tageskarte Innenraum
■ **Route:** Obermenzing Bahnhof – Schlosspark Nymphenburg und zurück
■ **Weglänge:** 5 km
■ **Gehzeit:** 1 ½ Std.
■ **Anspruch:** Wanderung zunächst durch Wohngebiet, dann auf beiden Seiten des Nymphenburger Schlosskanals
■ **Einkehr:** München-Schlosspark Nymphenburg: Schlosscafe im Palmenhaus, Schlosswirtschaft Schwaige

Schloss Nymphenburg ist ein Geschenk Kurfürst Ferdinand Marias an seine Frau Henriette Adelheid zur Geburt des Thronfolgers.

Parkwanderung

rechts folgen. Links entlang des Nymphenburger Kanals spazieren wir bis zum Schloss Nymphenburg, durchqueren dabei den Schlossgarten und gehen auf den anderen Seite des Nymphenburges Kanales wieder zurück. Die restliche Wegstrecke zum Bahnhof Untermenzing entspricht dem Hinweg.

Der Botanische Garten

Der Botanische Garten, auch Neuer Botanischer Garten genannt, schließt im Norden an den Nymphenburger Park an. Hier werden etwa 14 000 Pflanzenarten auf rund 18 Hektar Fläche kultiviert. In der Schausammlung der über 4500 Quadratmeter großen Gewächshäuser haben Pflanzen

Tipp

Wer eine große Runde durch den Nymphenburger Schlosspark drehen möchte, kann sich am Beginn des Nymphenburger Kanals der Südseite des Parks zuwenden. Vorbei am Großen See geht es über die Badenburg und die Amalienburg zum Schloss Nymphenburg. Auf der nördlichen Seite der Parkanlage führt der Weg über den Kleinen See wieder zurück zum Nymphenburger Kanal. Damit verlängert sich die Wegstrecke auf sieben Kilometer und eine Gehzeit von nicht ganz zwei Stunden.

feuchttropischer Gebiete, kühltropischer Bergwälder und Wüsten ihren Platz. Weitere Einrichtungen sind der Schmuckhof, der Rhododendronhain, das Arboretum (Sammlung verschiedenartiger Gehölze) und das Alpinum an einem See. Während der Wintermo-

Obermenzing und Nymphenburger Schlosspark

Immer wieder lassen sich im großen Schlosspark idyllische Winkel entdecken.

nate (Dez. bis März) werden seit einigen Jahren als Sonderausstellung in einem tropischen Gewächshaus exotische Schmetterlinge gehalten, die frei herumfliegen. Im Botanischen Garten wird Eintritt erhoben – während der Wintermonate aber nur in den Gewächshäusern.

Das Schloss Nymphenburg

Die Gründung von Schloss Nymphenburg als Sommerresidenz ist der Geburt des langersehnten Thronerben Max Emanuel zu verdanken, der dem bayerischen Kurfürstenpaar Ferdinand Maria und Henriette Adelaide von Savoyen nach zehnjähriger Ehe 1662 geschenkt wurde.

Vor dem Haupthaus wurde ein großer künstlicher Kanal und See angelegt.

Das Schlosscafe im Palmenhaus

Das lichtdurchflutete Café auf der Nordseite des Schlossparks unweit von Schloss Nymphenburg war früher ein Gewächshaus und bietet in einer außergewöhnlichen Atmosphäre mit exzellenter Küche und Blick auf den Schlosspark unter Palmen einen besonderen Genuss für alle Sinne.

7 Nach Dachau

Liebe auf den ersten Blick ...

... das empfand Ludwig Thoma 1894 beim Besuch in der Dachauer Altstadt – und blieb gleich für einige Jahre dort. Sein einstiges Wohnhaus steht in der Augsburger Straße 13, am Fuß der Altstadthöhe.

Von der Ostseite des Bahnhofes in Olching gehen wir die wenigen Schritte linker Hand zur Hauptstraße, die sich nach rechts als Feursstraße fortsetzt. Dann biegen wir nach links in die Heinrich-Nicolaus-Straße ein. Am Uferweg des Mühlbaches wandern wir rechts bis nach Graßlfing zur Schulstraße, der wir rechter Hand folgen. Vor dem Kreisverkehr biegen wir links in den Marienweg, überqueren die Autobahn (A8) und biegen dann nach links auf den Josef-Kistler-Weg ein. Vor den Kläranlagen zweigt der Weg rechts ab und wir erreichen so das Amperufer, dem wir nun, die Fahrstraße nach Feldgeding über- und die Schnellstraße (B471) unterquerend, bis zur Eschenrieder Straße folgen. Hier geht es nach rechts in Richtung Neuhimmelreich. An der Straße »Am Kalterbach« wenden wir uns nach links, wenig später wieder links und kommen so erneut in die Amperauen. Bis zur Ludwig-Dill-Straße in Dachau bleiben wir auf dem Uferweg. Ihr folgen wir dann rechter Hand. Am Stadtbad vorbei kommen wir auf der Schillerstraße und der Bahnhofstraße zum Bahnhof in Dachau und fahren hier mit der S-Bahn oder dem Regionalzug zurück nach München.

- **Abfahrt:** Ab M-Hbf tief alle 20 Min.
- **Fahrzeit:** Hinfahrt 23 Min.; Rückfahrt S2 ab Dachau 23 Min., RE ab Dachau 13 Min.
- **Fahrpreis:** 2 Zonen/4 Streifen (einfach); Tageskarte München XXL
- **Route:** Olching – Graßlfing – Neuhimmelreich – Dachau
- **Weglänge:** 12 km
- **Gehzeit:** 2 ¾ Std.
- **Anspruch:** Ausgedehnte Wanderung durch ebene Flur und die reizvollen Amperauen
- **Einkehr:** Dachau: Alte Liebe (kurzer Abstecher in die Amperauen), Zieglerbräu (B)

Die Amper

Ammer und Amper bilden ein Flusssystem. Die Ammer fließt in den Ammersee, während die Amper aus dem Ammersee in die Isar bei Moosburg mündet und immerhin eine Länge von 185 Kilometern misst.

Ein Wasserkraftwerk produziert Strom am Mühlbach von Olching.

Das Wappen der Gemeinde Olching

Aus dem Jahr 1951 stammt das Wappen der Olchinger Gemeinde. Die Amper, die wirtschaftlich von größter Bedeutung war, wird durch den blauen Wellenbalken dargestellt. Der Moorkolben steht für das früher sumpfige Gebiet, für die Landwirtschaft ist der Weizen das Symbol. Die bayerischen Rauten zeugen von einer engen Verbindung zum bayerischen Herrscherhaus mit der ehemaligen kurfürstlichen Schwaige Graßlfing auf dem Gemeindegebiet. Um eine Verwechslung mit dem Wappen von Kolbermoor zu vermeiden, dürfen hier ausnahmsweise Teile des bayerischen Staatswappens in diesem kommunalen Wappen enthalten sein.

Mit der S4 nach Buchenau

8 Zum Kaiser-Ludwig-Monument

Durch Waldwege nach Puch

Die Wanderung führt zum Reststamm der sogenannten Endigna-Linde, wohl einem der ältesten Lindenbäume Deutschlands, und zum Kaiser-Ludwig-Monument, das an den Todesort des Kaisers erinnern soll.

Von der nordwestlichen Seite des Bahnhofes in Buchenau (Fahrtrichtung Geltendorf) gehen wir linker Hand entlang des Kurt-Huber-Rings. An der nächsten Straßengabelung zweigen wir rechter Hand in die Industriestraße ab. Vor dem Fuchsbogen rechter Hand gehen wir in einer S-Kurve aus dem Industriegebiet über die B471 in den Wald hinein. Wir befinden uns auf dem »Lang-Geräumt«. An der nächsten Wegkreuzung gehen wir geradeaus, an der darauffolgenden rechter Hand nach Norden. Immer geradeaus wandern wir weiter, ignorieren Wegabzweigungen und kreuzen dabei den Landsberieder Steig. Wir kommen nun aus dem Wald und passieren eine Kiesgrube links. Wir befinden uns nun in der Kieswerkstraße. Dabei kreuzen wir die St2054 und gehen in der Verlängerung weiter geradeaus nach Norden, nun durch die Kaiser-Ludwig-Straße. So gelangen wir in die Ortsmitte von Puch. Hier biegen wir rechts in den Klosteranger ein. Am Unterwirt

■ **Abfahrt:** Ab M-Hbf tief alle 20 Min.
■ **Fahrzeit:** Hinfahrt 29 Min.; Rückfahrt 31 Min.
■ **Fahrpreis:** 2 Zonen/4 Streifen (einfach); Tageskarte München XXL
■ **Route:** Buchenau – Puch und zurück
■ **Weglänge:** 8 km
■ **Gehzeit:** 1 ¾ Std.
■ **Anspruch:** Zumeist Forstwege im Wald
■ **Einkehr:** Puch: Unterwirt

Die Edigna-Linde
Auf einer Anhöhe auf dem Friedhof vor der Dorfkirche von Puch wächst die 1000-jährige Edigna-Linde. Nach der Legende kam die Tochter Heinrichs I. von Frankreich auf der Flucht vor ungewollter Ehe nach Puch und nahm, einer himmlischen Eingebung folgend, die hohle Linde zu ihrer Wohnung. Als Klausnerin lebte sie dort bis zu ihrem Tod im Jahre 1109.

geht es dann linker Hand in die Denkmalstraße und an deren Ende links und gleich wieder rechts zum Kaiser-Ludwig-Monument neben der Augsburger Straße. In Puch haben wir Gelegenheit, die Kirchen St. Edigna und St. Sebastian zu besichtigen. Der Rückweg entspricht genau dem Hinweg zurück zum Bahnhof der S-Bahn in Buchenau.

Das Kaiser-Ludwig-Monument bei Puch

Seit fast 200 Jahren ist das Denkmal unverändert an diesem Platz zu finden. Bäume und Sträucher sind die Reste der früheren Parkanlage. Roman Anton Boss schuf das Portrait des Kaisers auf der Vorderseite des Obelisken. In einer lateinischen Inschrift lautet die Übersetzung: »Zum frommen Gedenken an Ludwig den Bayern, römischer Kaiser, Verteidiger der deutschen Freiheit, Geber des bayerischen Landrechts, einem tapferen und standhaften Mann, setzte dieses Denkmal Maximilian, König von Bayern, 1808.« Auf der Rückseite ziert die Pyramide der deutsche kaiserliche Doppeladler mit den bayerischen Rauten im Herzschild, darunter die Inschrift: »Hier starb in den Armen / eines Bauerns / vom Tode überrascht / den 11. Oktober 1347 / Ludwig der Baier / Römischer Kaiser.«

Das Denkmal für Kaiser Ludwig von Bayern ist das Ziel unserer Wanderung.

Mit der S4 nach Schöngeising

9 Zum Kloster Fürstenfeld

In Bruck steht eine der schönsten Barockkirchen Bayerns

Die prächtige Barockanlage Kloster Fürstenfeld mit ihrer imposanten Kirche und den schönen Höfen und Gärten verleiht dem Veranstaltungszentrum der Stadt Fürstenfeldbruck eine besondere Atmosphäre.

Vom Bahnhof in Schöngeising wenden wir uns nach Westen der Bahnhofstraße zu. Dieser folgen wir in südlicher Richtung die zwei Kilometer lange Strecke zum Ort Schöngeising und weiter geradeaus auf der Amperstraße. Noch in Schöngeising folgen wir der Brucker Straße linker Hand und wenig später der Kirchstraße rechts. An der nächsten Gabelung geht es wieder rechts über die Amperbrücken. Gleich darauf zweigen wir an der nächsten Wegkreuzung links ab. So gelangen wir an der Amper zum Gut Zellhof. Weiter geradeaus geht es nach Osten auf der Zellhofstraße über Felder, dann am Waldrand entlang und schließlich wieder ein Stück über freies Feld. Erneut wandern wir am Waldrand weiter auf der Zellhofstraße zum Kloster Fürstenfeld. Dabei ignorieren wir zuletzt den Abzweig am Klosterberg rechts und gehen über die Bahnlinie hinüber zum Kloster Fürstenfeld. Auf dem gesamten Wegabschnitt zwischen Zellhof und Kloster Fürstenfeld werden weitere Wegabzweigungen ignoriert. Der Rückweg nach Schöngeising zum S-Bahnhof entspricht exakt dem Hinweg.

- **Abfahrt:** Ab M-Hbf tief alle 20/40 Min.
- **Fahrzeit:** Hinfahrt 33 Min.; Rückfahrt 35 Min.
- **Fahrpreis:** 3 Zonen/6 Streifen (einfach); Tageskarte Gesamtnetz
- **Route:** Schöngeising – Zellhof – Kloster Fürstenfeld und zurück
- **Weglänge:** 14 km
- **Gehzeit:** 3 ¼ Std.
- **Anspruch:** Wanderung mit einigen leichteren Steigungen; längere Streckenabschnitte führen durch den Wald
- **Einkehr:** Fürstenfeldbruck: Klosterstüberl (B); Schöngeising: Zum unter'n Wirt, Zur Post (B)

Das Veranstaltungsforum Fürstenfeld

Das Veranstaltungsforum Fürstenfeld ist eines der großen Kultur- und Tagungszentren in Süddeutschland. Die Fürstenfeldtenne, Seminarräume, attraktive Außenflächen sowie multi-

Zum Kloster Fürstenfeld

> **Tipp**
> Alle, die eine Alternative wünschen, können vom Kloster über die Fürstenfelder Straße auf den Uferweg der Amper westwärts gelangen. An seinem Ende folgen wir der Brucker Straße der FFB7 zurück nach Schöngeising-Ort. Die restliche Wegstrecke entspricht dann wieder dem Hinweg zum S-Bahnhof Schöngeising.

Die barocke Fassade des Kloster Fürstenfeld beeindruckt jeden Besucher.

funktionale Säle bieten die Voraussetzungen für die perfekte Durchführung von Veranstaltungen. Die historischen Gebäude sind kombiniert mit neuzeitlicher Architektur und Technik. Die prächtige Barockanlage des ehemaligen Zisterzienserklosters steht dabei im Mittelpunkt. Daneben gibt es ein Kunsthaus, eine Kulturwerkstatt, einen Bauernmarkt und ein Reiterzentrum. Besonders hervorzuheben ist die Kletterinsel. Kulinarisch verwöhnen die Gastwirtschaft des Klosterstüberls und das Restaurant Fürstenfelder mit Hotel.

Mit der S4 nach Grafrath

10 Nach Steinebach am Wörthsee

Aussichtsreiche Wanderung

Die beschauliche Wanderung führt auf Ufer- und Waldwegen nach Steinebach und lädt bei schönem Wetter und entsprechenden Temperaturen zu einer erfrischenden Badepause ein.

Vom Bahnhof Grafrath gehen wir auf dem Bahnhofweg in südlicher Richtung zur Bahnhofstraße und folgen ihr ein kurzes Stück linker Hand. Dann zweigen wir rechts in die Graf-Rasso-Straße zur B471 ab. Nur einige Schritte weiter rechts liegt dort die Wallfahrtskirche St. Rasso als lohnender Abstecher. Wir unterqueren am Kreisverkehr die Bundesstraße und gehen geradeaus auf dem St.-Ulrich-Weg am Amperufer bis zum Steg, wechseln zum anderen Ufer und wandern linker Hand auf der Adalmuntstraße in den Ortsteil Unteralting. Dann biegen wir rechts in die Krugstraße ein. Es geht am Reitstall Alter Hacklhof vorbei bis zu einem Feldweg. Auf diesem wandern wir nun weiter, halten uns immer links

■ **Abfahrt:** Ab M-Hbf tief alle 20/40 Min.
■ **Fahrzeit:** Hinfahrt 37 Min.; Rückfahrt S8 ab Steinebach 42 Min.
■ **Fahrpreis:** 3 Zonen/6 Streifen (einfach); Tageskarte Gesamtnetz
■ **Route:** Grafrath – Unteralting – Mauerner Wald – Walchstadt – Steinebach
■ **Weglänge:** 9 km
■ **Gehzeit:** 2 Std.
■ **Anspruch:** Wanderung, überwiegend durch Forst mit schönen Aussichtspunkten
■ **Einkehr:** Grafrath: Gasthaus Dampfschiff (B); Steinebach: Gasthaus Raabe, Augustiner am See (B)

Die Sage vom Wörthsee
Der Wörthsee hat seinen Namen von der Insel Wörth. Diese hieß früher Mausinsel und der See Maussee. Einer Sage nach saß auf Schloss Seefeld einst ein geiziger und hartherziger Graf, der auch während einer großen Hungersnot den Notleidenden nichts von seinem Reichtum abgeben wollte. Er ließ Bettler sogar einsperren und ihnen das Dach über dem Kopf anzünden. Zur Strafe wurde sein Schloss von einer Ratten- und Mäuseplage heimgesucht. Er flüchtete auf die Insel Wörth, aber auch dorthin verfolgten ihn die Nager. Erst als er reuig Stiftungen für die Armen gelobte, wurde er von der Plage befreit.

Nach Steinebach am Wörthsee

Nur im Frühjahr ist es so beschaulich ruhig an den Ufern des Wörthsees in Steinebach.

und kommen, vorbei an den Pferdekoppeln, zum Mauerner Wald. Am Waldrand gabelt sich der Weg. Wir nehmen die Abzweigung nach links und gehen am Waldrand leicht bergauf, bis wir nach 500 Metern die Rechtskurve zum Wald nehmen. An der ersten Weggabelung gehen wir links den Waldrand entlang, um nach wenigen Metern an der nächsten Weggabelung rechts den Forstweg in den Wald zu nehmen. Durchgehend auf Forstwegen durchwandern wir dann den Mauerner Wald in südlicher, zuletzt südöstlicher Richtung. Nach knapp drei Kilometern erreichen wir

Mit der S4 nach Grafrath

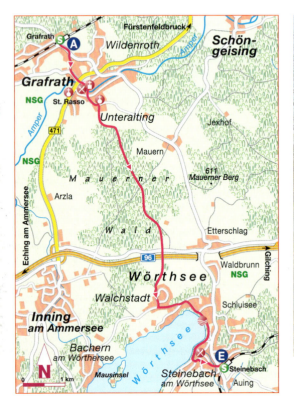

den Waldrand und folgen hier der Linkskurve. Ein Stück geht es jetzt auf der Inninger Straße, der STA 1, in die Gegenrichtung. Dann überqueren wir wenig später links auf der Brücke die A96 und wandern nach Walchstadt, hier zuletzt auf der Alten Hauptstraße in südlicher Richtung. In Walchstadt biegen wir nach links in die Wörthseestraße ein. Im Ortsbereich Steinebach geht es weiter am Seeufer und die Seestraße entlang. Dann folgen wir der Seepromenade zum Strandbad, das an warmen Tagen auf Ihren Besuch wartet. Gleich darauf geht es linker Hand in den Birkenweg. An seinem Ende nehmen wir die Dorfstraße linker Hand nur wenige Meter und zweigen dann gleich rechts in den Moosbichlweg ein, dem wir bis zu seinem Ende folgen. Hier gehen wir links und gleich wie-

Nach Steinebach am Wörthsee

Von Grafrath bis zum Ammersee erstreckt sich das streng geschützte Naturschutzgebiet des Ampermooses.

der rechts auf die Hauptstraße. Nach wenigen Metern zweigt nach links der Fußweg zur S-Bahn in Steinebach ab, die uns wieder zurück nach München bringt.

Steinebach am Wörthsee

Steinebach ist Hauptort am Wörthsee und liegt am nordöstlichen Seeende, während Walchstadt, am Nordufer des Sees, unmittelbar an Steinebach anschließt und fast als Vorort von Steinebach zu sehen ist. Die Bezeichnung Walch im Ortsnamen von Walchstadt wird auf »welsch« zurückgeführt. Die Siedlung stammt demnach noch aus der vorbajuwarischen Zeit.

Mit der S4 nach Grafrath

11 Zum Jexhof bei Mauern
Ein Bauernhofmuseum, umgeben von Wald

Mitten in einer Rodungsinsel westlich von Grafrath liegt der Jexhof – ein Bauernhofmuseum, das uns mit spannenden Veranstaltungen ins bäuerliche Leben der Menschen um 1900 entführt.

Die Wanderung startet zunächst identisch zu Tour 10: Vom Bahnhof Grafrath gehen wir auf dem Bahnhofweg zur Bahnhofstraße in südlicher Richtung und folgen ihr ein kurzes Stück linker Hand. Dann zweigen wir rechts in die Graf-Rasso-Straße zur B471 ab.

Nur einige Schritte weiter rechts liegt dort die Wallfahrtskirche St. Rasso als lohnender Abstecher. Wir unterqueren am Kreisverkehr die Bundesstraße und gehen geradeaus auf dem St.-Ulrich-Weg am Amperufer bis zum Steg, wechseln zum anderen Ufer und wandern linker Hand auf der Adalmuntstraße in den Ortsteil Unteralting. Dann biegen wir rechts in die Krugstraße ein. Es geht am Reitstall Alter Hacklhof vorbei bis zu einem Feldweg. Auf diesem wandern wir nun weiter, halten uns immer links und kommen, vorbei an den Pferdekoppeln, zum Mauerner Wald. Am Waldrand gabelt sich der Weg. Wir nehmen die Abzweigung nach links und gehen am Waldrand leicht bergauf, bis wir nach 500 Metern die Rechtskurve zum Wald nehmen. Dann geht es linker Hand immer weiter am Waldrand zur Fahrstraße der FFB6, der wir nach Mauern folgen. In Mauern gehen wir ein Stück nach links auf der Römerstraße der FFB7, ignorieren dann rechts die Abzweigung in die Voglhausstraße und nehmen den nächsten Wegabzweig rechter Hand. Über freies Feld geht es ostwärts zum Wald, durch den wir geradeaus zur Rodungsinsel des Jexhofs kommen, ohne weitere Wegabzweigungen zu beachten. Der Rückweg zum S-Bahnhof Grafrath entspricht dem Hinweg.

- **Abfahrt:** Ab M-Hbf tief alle 20/40 Min.
- **Fahrzeit:** 37 Min. (einfach)
- **Fahrpreis:** 3 Zonen/6 Streifen (einfach); Tageskarte Gesamtnetz
- **Route:** Grafrath – Unteralting – Mauern – Jexhof und zurück
- **Weglänge:** 14 km
- **Gehzeit:** 3 ¼ Std.
- **Anspruch:** Wandertour mit Waldabschnitten und Feldwegen
- **Einkehr:** Grafrath: Gasthaus Dampfschiff, Jexhof Stüberl

Die Wallfahrtkirche St. Rasso beherbergt ein farbenfrohes Deckenfresko, das vom Barockmaler J.G. Bergmüller 1752 geschaffen wurde.

Der Jexhof

Der Jexhof, ein Bauernhofmuseum in einer Rodungsinsel westlich von Grafrath, wurde wohl schon zu Anfang des 14. Jh. bewirtschaftet. 1564 kaufte das Kloster Fürstenfeld das Anwesen und ließ es bis zur Säkularisation von »Dienern hüten«. Das Wohnhaus wurde um 1775 errichtet. Seit 1987 ist der alte, denkmalgeschützte Dreiseithof ein Bauernhofmuseum. Hier erhalten Sie Einblicke in das ländlich-bäuerliche Leben um 1900. Das Museum zeigt wechselnde Ausstellungen zu volkskundlichen und regionalgeschichtlichen Themen. Das attraktive Jahresprogramm für Kinder und Erwachsene bietet Ihnen unterschiedliche Veranstaltungen zu Brauchtum, Natur, Musik, ländlichem Handwerk, Literatur und vielem mehr (Informationen unter www.jexhof.de).

Mit der S4 nach Geltendorf

12 Rundweg über St. Ottilien

Abwechslungsreiche Strecke durch Wald und Feld

Auf den Spuren der Hunnenschlacht von 955 wandern wir in Eresing. Ein Deckenfresko der Pfarrkirche zeigt die Schlacht auf dem Lechfeld, die Otto I. und Bischof Ulrich mithilfe göttlicher Vorsehung gewinnen.

Von der Südseite des Bahnhofes in Geltendorf gehen wir vorbei an den Parkplätzen in westlicher Richtung. An deren Ende, noch vor der LL13, zweigt linker Hand ein Weg in südöstliche Richtung über die Felder ab, dem wir folgen. Wegabzweigungen zu beiden Seiten ignorieren wir dabei. Am Ortsrand von St. Ottilien gehen wir weiter geradeaus und kreuzen dabei eine Straße. An der nächsten Wegkreuzung biegen wir dann links ein, wandern am Emminger Hof, unserer Einkehrmöglichkeit, geradeaus

- **Abfahrt:** S4 ab M-Hbf tief alle 20/40 Min., RE ab M-Hbf alle 30/60 Min.
- **Fahrzeit:** S4 45 Min., RE 30 Min. (einfach)
- **Fahrpreis:** 3 Zonen/6 Streifen (einfach); Tageskarte Gesamtnetz
- **Route:** Geltendorf – Kloster St. Ottilien – Eresing und zurück
- **Weglänge:** 15 km
- **Gehzeit:** 3 ¼ Std.
- **Anspruch:** Abwechslungsreiche Runde durch hügeliges Ackerland mit kurzen Waldstrecken
- **Einkehr:** Eresing: Alter Wirt (B); St. Ottilien: Emminger Hof (B)

Rundweg über St. Ottilien

weiter und kommen so direkt zum Kloster St. Ottilien. Hier gehen wir rechts, vorbei am Hofladen und Geflügelhof, gleich an der nächsten Weggabelung ein zweites Mal rechts. So gelangen wir auf die Emminger Straße, die uns nach Eresing durch einen Wald führt. An deren Ende wandern wir rechts in die Pflaumdorfer Straße und noch ein kurzes Stück rechter Hand in die Kaspar-Ett-Straße. So gelangen wir zum Alten Wirt und zur Pfarrkirche St. Ulrich in Eresing. Der Rückweg entspricht exakt dem Hinweg. Sie können in beiden Richtungen zwischen der Pflaumdorfer Straße und der Emminger Straße auch mehrere Forstwege durch den Wald benutzen.

Das Kloster St. Ottilien

St. Ottilien, 1902 zur Abtei erhoben, ist das Mutterhaus der Kongregation der Missionsbenediktiner. Die Gemeinschaft zählt heute ca. 160 Mönche, davon leben etwa 90 in der Erzabtei. St. Ottilien ist ein gewachsenes Klos-

Noch heute ist St. Ottilien ein sehr lebendiger Klosterweiler.

Mit der S4 nach Geltendorf

terdorf mit Schule, Bildungshaus, Landwirtschaft, Verlag und Druckerei sowie Werkstätten und Klosterbetrieben.

Die Pfarrkirche St. Ulrich in Eresing

Sie gilt als interessanter Umbau (1756–57) einer spätgotischen Anlage aus dem Jahr 1488 durch Dominikus Zimmermann. Spätgotisch erhalten sind noch der Turmunterbau und der Altarraum. Beim Umbau wurde das Langhaus erhöht und mit dreiteiligen Fenstern versehen. Bemerkenswert an der Ausstattung sind vor allem die reichen Stuckaturen, die Nikolaus Schütz aus Landsberg schuf, und das Hauptmotiv der Deckengemälde im Langhaus von Franz Martin Kuen aus Weißenhorn mit der Darstellung der Schlacht auf dem Lechfeld und der Übergabe des Siegeskreuzes an den Hl. Ulrich. Der schöne Hochaltar stammt von 1700.

Tipp
In der Schlacht auf dem Lechfeld, südlich von Augsburg, wurden die Hunnen (Ungarn), die immer wieder mordend und plündernd ins Reich eingefallen waren, von einem aus Franken, Schwaben, Sachsen, Bayern und Böhmen zusammengezogenen Heer unter König Otto I. am 12. August 955 vernichtend geschlagen. Nach dieser Niederlage kamen sie nicht wieder. Der Sieg legte den Grundstein für das Kaiserreich unter Otto I.

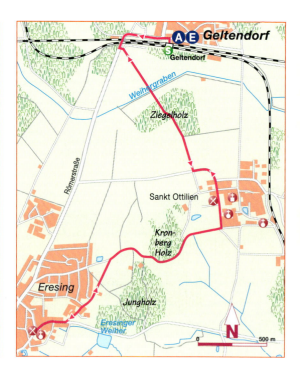

Rundweg über St. Ottilien

Das Deckenfresko in Eresing erzählt lebendig von der Lepantoschlacht auf dem Lechfeld.

Mit der S4 nach Geltendorf

13 Bis Hohenzell und zurück
Rundtour inmitten von Hügellandschaften

Der Name Geltendorf geht auf den bajuwarischen Ortsgründer Geltolf zurück, der als damaliger Sippenältester sein »Dorf des Geltolf« gründete. Geltendorf ist seiner Besiedlungsform nach ein typisches Haufendorf.

Von der Westseite des Bahnhofes gehen wir ein kurzes Stück linker Hand über die Straße »Am Bahnhof« und folgen dann rechts der Bahnhofstraße. Erneut rechts zweigt dann der Heuweg durch die Siedlung ab. Wir nehmen kurz darauf ebenfalls den Heuweg, aber linker Hand durch den Wald. An dessen Ende ignorieren wir eine Abzweigung links, gehen noch geradeaus und an der nächsten Weggabelung rechts nach Geltendorf-Ort, vorbei an der Riedgasse. An deren Ende geht es linker Hand ein kurzes Stück in die Landsberger Straße der LL13, dann rechts weiter auf der Molkereistraße. Über die Dorfstraße linker Hand wandern wir an der nächsten Gabelung geradeaus, wieder in die freie Flur hinaus, und halten uns in nördlicher Richtung. Wir kommen auf eine Fahrstraße der St2054, folgen ihr ein kurzes Stück linker Hand und gehen dann gleich rechts wieder auf einem Feldweg geradeaus weiter in nördliche Richtung. Wegabzweigungen zu beiden Seiten beachten wir hier nicht. Am Ende des Weges, an einer Gabelung, biegen wir rechts ab und gelangen so nach Hausen. Hier gehen wir auf der Hauptstraße linker Hand in nördlicher Richtung. Kurz vor dem Marteleweg, der links abzweigt, wandern wir rechter Hand in einen Feldweg nach Eimerszell in östlicher Richtung. Auch hier achten wir nicht auf weitere Abzweigungen zu beiden Seiten. Der Feldweg nimmt an seinem

- **Abfahrt:** S4 ab M-Hbf tief alle 20/40 Min., RE ab M-Hbf alle 30/60 Min.
- **Fahrzeit:** S4 45 Min., RE 30 Min. (einfach)
- **Fahrpreis:** 3 Zonen/6 Streifen (einfach); Tageskarte Gesamtnetz
- **Route:** Bahnhof Geltendorf – Hausen – Eismerszell – Hohenzell – Bahnhof Geltendorf
- **Weglänge:** 15 km
- **Gehzeit:** 3 ¼ Std.
- **Anspruch:** Ausgedehnte Tour durch Hügellandschaft aus Feldern und Wiesen sowie einer Waldstrecke am Schluss; geringe Steigungen
- **Einkehr:** Geltendorf: Alter Wirt (kurzer Abstecher); Hausen: Landgasthof Hief

Die Geltendorfer Pfarrkirche St. Stephan gibt es gleich zweimal, als Original und auf dem Maibaum.

Ende eine Linkskurve. Dann geht es rechter Hand auf der St.-Michael-Straße nach Eimerszell. Dort folgen wir der St.-Georg-Straße aus dem Ort nach Süden. An der St2054 gehen wir kurz rechts und gleich wieder links in den Feldweg weiter in südlicher Richtung. Wir gehen geradeaus bis zum Ende des Weges. Dort, an einer Gabelung, wenden wir uns nach rechts durch den Wald nach Hohenzell und weiter in südliche Richtung, ohne am Waldrand einen rechts abzweigenden Weg zu beachten. An der darauffolgenden Wegkreuzung gehen wir rechter Hand und folgen so dem Weg durch den Wald bis zur Geltendorfer Straße, nun in südwestlicher Richtung. Dabei bleiben wir im Wald immer auf dem Hauptweg. Der Geltendorfer Straße folgen wir ein Stück nach rechts und nehmen die zweite Abzweigung linker Hand durch den Wald. An einer Gabelung geht es dann links in den Guggenbergweg, anschließend rechts neben der Bahnlinie weiter und an der Straße »Zum Bahnhof« zurück zum Bahnhof nach Geltendorf.

Mit der S8 nach Harthaus

14 Durch die Aubinger Lohe
Ein Lehrpfad durch ein Naturschutzgebiet

Korrekt ausgesprochen heißt sie eigentlich Aubinger »Loche«. Das Waldgebiet ist ein wichtiges Nacherholungsgebiet am nordwestlichen Stadtrand von München.

Vom Bahnhof Harthaus gehen wir zunächst nach links in westlicher Richtung in die Waldhornstraße entlang der Bahngleise. Dann zweigen wir rechts auf die St. Cäcilia Straße ab. Der Landsberger Straße, einer Hauptstraße, folgen wir rechts bis zum Ortsrand. Hier geht es auf der Walkürenstraße dann links weiter. Dabei kreuzen wir den Birnbaumsteigweg, gehen aber weiter geradeaus. Wir unterqueren eine Schnellstraße und wandern an dieser rechter Hand ein Stück, bis sie auf die A99 führt. Hier zweigen wir links und dann an einer Weggabelung erneut links in den Germeringer Weg ab. Dann geht es wiederum links zum Gut Moosschwaige und in einer Rechtskurve nach Norden durch die Allee, vorbei an den Fischteichen. Dabei ignorieren wir hier die Wegabzweigungen linker Hand. Wir erreichen die Mooslandschaft der Aubinger Lohe und folgen dem Lauf des kleinen Baches.

Dann biegen wir nach rechts ab und kommen zum Bahndamm der S4. Wir wandern hier ein Stück rechts neben den Gleisen, durchqueren ein kleines Waldstück und wechseln auf die andere Seite der Gleise, um wenig später am Parkplatz nach links in den Aubinger Lohweg einzuschwenken. Wenn dieser später nach links dreht, zweigen wir rechter Hand in den Forstweg Bienenheimstraße ein, der dann in einer scharfen Linkskurve vorbei an der Waldgaststätte Bienenheim zur Federseestraße führt. Ihr folgen wir rechter Hand bis zu ihrem Ende. Hier geht es schlussendlich nach rechts auf der Henschelstraße zum Bahnhof in Lochhausen.

- ■ **Abfahrt:** Ab M-Hbf tief alle 10/20 Min.
- ■ **Fahrzeit:** Hinfahrt 20 Min.; Rückfahrt S3 ab Lochhausen 20 Min.
- ■ **Fahrpreis:** 1 Zone/2 Streifen (einfach); Tageskarte Innenraum
- ■ **Route:** Harthaus – Moosschwaige – Aubinger Lohe – Lochhausen
- ■ **Weglänge:** 8 km
- ■ **Gehzeit:** 1 ¾ Std.
- ■ **Anspruch:** Reizvolle Wanderung durch Naturschutzgebiet (Mooslandschaft und Hochwald)
- ■ **Einkehr:** Lochhausen: Waldgaststätte Bienenheim (B)

Durch die Aubinger Lohe

Selbst im Winter bei Raureif und Frost ist eine Wanderung durch die Aubinger Lohe wunderschön.

Der Name »Lohe«

Der Begriff »Lohe« kommt aus dem Alt- und Mittelhochdeutschen und leitet sich Loh (Loch gesprochen) ab, was Wald, Grund, Feld, aber auch freier Raum, Lichtung bedeutet. Gemeint ist ein Gehölz mit lichten Stellen und Graswuchs. Der Wald wurde früher als Viehweide genutzt, als er noch überwiegend aus Laubhölzern bestand. Anstelle des heutigen Fichtenbestandes in der Aubinger Lohe wuchs im Mittelalter nämlich ein Laubwald aus Winterlinden, Hainbuchen, Zitterpappeln, Ahorn und Eichen. Seit der Aufforstung mit Fichten ist die korrekte Definition einer Lohe in der Aubinger Lohe eigentlich nicht mehr gegeben.

Mit der S8 nach Weßling

15 Rundweg zum Wörthsee
Eine Badewanne für Erholung suchende Münchner

Der Wörthsee ist ein typischer Moorsee: 3,5 Kilometer lang, 1,7 Kilometer breit, nur bis zu 33 Meter tief und im Sommer angenehm warm. Viele schätzen ihn als Badeplatz und haben sich an seinem Ufer als Dauercamper eingerichtet.

Von der Südseite des Bahnhofes in Weßling nehmen wir den Fußweg in südlicher Richtung und kreuzen zuvor die Bahnhofstraße. Dann folgen wir der Hauptstraße (St2071) ein kurzes Stück nach rechts, biegen links in den Seeweg ein und gehen am Weßlinger See rechter Hand entlang – in der Verlängerung ist das der Uferweg. Hier, am Südwestufer des Sees, stoßen wir auf den Steinebacher Weg, dem wir in einer Rechtskurve folgen. Dabei überqueren wir die St2068. An einer Weggabelung zweigt der Steinebacher Weg rechts über die Bahngleise ab. Wir gehen hier geradeaus und wandern nun, zunächst in der Nähe der Bahngleise, erst durch Wiesen und Ackerland, dann durch den Wald in südwestlicher Richtung. Wegabzweigungen ignorieren wir in diesem Wegabschnitt, es sei denn, Sie verkürzen die Wanderung um etwa ein Drittel und gehen im Wald linker Hand direkt nach Meiling.

- **Abfahrt:** Ab M-Hbf tief alle 20 Min.
- **Fahrzeit:** Hinfahrt 35 Min.; Rückfahrt 39 Min.
- **Fahrpreis:** 2 Zonen/4 Streifen (einfach); Tageskarte München XXL
- **Route:** Weßling – Steinebach – Meiling – Delling – Weßling
- **Weglänge:** 11 km
- **Gehzeit:** 2 ½ Std.
- **Anspruch:** Wanderung am Weßlinger See, durch Ackerland und Hochwald
- **Einkehr:** Steinebach: Gasthaus Raabe (B), Augustiner am See (B); Meiling: Zum Sepperl (B); Weßling: Zur Post (B)

Auf der Normalroute, am Ende des Waldes bei Steinebach, wechseln wir auf die andere Gleisseite und folgen der Weßlinger Straße. Dann geht es linker Hand in die Bahnhofstraße, vorbei am S-Bahnhof Steinebach (Möglichkeit der Rückfahrt) zur Hauptstraße (St2348). Ihr folgen wir linker Hand, unterqueren die Gleise und gehen nun leicht bergauf nach Auing bis zur Meilinger Straße, wo wir links abbiegen. Auf der Meilinger Straße wandern wir über Felder nach Meiling. Hier nehmen wir den Dellinger Weg

Ruderboote warten auf Besucher am Weßlinger See.

nach links. An einer Gabelung gehen wir kurz rechter Hand, gleich an der darauffolgenden links und unterqueren die Fahrstraße nach Herrsching (St2068), vorbei am Gewerbegebiet von Delling. Nun biegen wir in die Mühlstraße rechts und gleich darauf links in die Allee der Ettenhofener Straße. Von ihr zweigt an der nächsten Gabelung der Dellinger Weg linker Hand ab, dem wir zunächst über freies Feld, dann am Waldrand zurück nach Weßling folgen. Dort geht es auf dem Weg »Am Kreuzberg« noch wenige Meter linker Hand, dann auf dem schon bekannten Hinweg über den Steinebacher Weg, den Uferweg und den Seeweg am Weßlinger See zurück zum S-Bahnhof von Weßling.

> **Tipp**
>
> Die Kirche St. Martin in Steinebach wurde 1735 barock umgestaltet. Die schönen Deckenfresken wurden unter mehrfacher Übermalung erst nach dem Zweiten Weltkrieg freigelegt. Sie zeigen an der Chordecke die Verehrung der Muttergottes und im Chorbogen sowie Kirchenschiff Darstellungen vom Leben und Werk des Heiligen Martin mit großen Spruchbändern, auf denen der Heilige um Beistand gebeten wird. In Steinebach lohnt an warmen Sommertagen noch ein Abstecher zum Wörthsee. Über den Moosbichlweg und den Birkenweg gelangen wir zur Seepromenade, auf der wir am See entlangspazieren können. Hier gibt es auch ein Freibad.

Mit der S8 nach Herrsching

16 Zum Kloster Andechs
Beliebte Pilgerroute durchs romantische Kiental

Wer heute zum »heiligen Berg« wandern will, findet einen beschaulichen Weg vor – noch vor 150 Jahren war eine Wallfahrt nach Andechs hingegen äußerst beschwerlich.

Vom Bahnhof gehen wir auf der Kienbachstraße nach Osten bis zu deren Ende, dann linker Hand in die Mühlfelder Straße und wieder nach rechts in die Luitpoldstraße. Weiter wandern wir erneut rechter Hand die Kientalstraße entlang und damit in das Kiental, dem wir nun bergauf folgen – zunächst auf Asphalt, später auf festem Kiesweg. Auf der Anhöhe in Erling halten wir uns links und folgen der Andechser Straße, vorbei am Parkplatz, zum Kloster hinauf. Zurück geht es auf derselben Route.

Das Kloster Andechs

Das Benediktinerkloster mit der Kirche Mariä Verkündigung in Andechs ist die älteste in Deutschland bekannte und wohl bedeutendste Wallfahrtsstätte des bayerischen Oberlandes. Die Grafen von Andechs – ihre Stammburg stand seit 1080 in Dießen, seit 1132 auf dem späteren »heiligen Berg« – hatten von Kreuzfahrten ins Heilige Land zahlreiche Reliquien mitgebracht und in der Burgkapelle aufgestellt. Besonders zu den 1182 auf die Burg gekommenen drei heiligen Hostien entwickelte sich eine Wallfahrt. Mitte des 13. Jh. folgte der Niedergang der mächtigen Andechser – sie waren auch Herzöge von Meranien und seit 1208 von Burgund. 1248 gewannen die Wittelsbacher die Alleinherrschaft in Altbayern. Die Burg Andechs wurde geschleift, die Hostien verschwanden. Erst 1388 wurden sie wieder aufgefunden – und die Wallfahrt erfuhr erneut ungeheuren Zuspruch.

- **Abfahrt:** Ab M-Hbf tief alle 20/40 Min.
- **Fahrzeit:** Hinfahrt 49 Min.; Rückfahrt 47 Min.
- **Fahrpreis:** 3 Zonen/6 Streifen (einfach); Tageskarte Gesamtnetz
- **Route:** Kiental – Kloster Andechs – Kiental
- **Weglänge:** 7 km
- **Gehzeit:** 1 ¾ Std.
- **Anspruch:** Schöne Wanderung, die durch das romantische Kiental bis zum Ziel stetig bergauf führt, aber nur im letzten Stück etwas steiler ist
- **Einkehr:** Andechs: Klostergasthof (B), Bräustüberl (B)

Die Klosterkirche von Andechs ist das Wahrzeichen der Region.

Das Kiental

Vor rund 150 Jahren war das Kiental noch eine unzugängliche und unwirtliche Waldschlucht, die der Kienbach in Jahrhunderten tief eingekerbt hatte. Seinen Namen erhielt das Tal von den Kiefern, die hier hauptsächlich wuchsen. Erschlossen wurde es erst durch die Schotterstraße, die 1853 durch die Schlucht zum Kloster hinauf vor allem für den Holztransport gebaut wurde und seither in Abständen immer wieder gesichert werden muss. Heute ist es die beliebteste Pilger- und Wanderroute zum »heiligen Berg«.

Die Kuttenmirl

In der Wildnis des Kientals wohnte vor langer Zeit in einer Höhle im Nagelfluh eine fromme Einsiedlerin: die Kuttenmirl. Erst als die Straße durch die Schlucht nach Andechs hinauf gebaut wurde, fand man ihre Höhle und einige ihrer Habseligkeiten, darunter einen Totenschädel.

Tipp

Von Bahnhof in Herrsching, dem Ausgangs- und Endpunkt der Wanderung, geht es über den Ravina-Romagnano-Weg und weiter über die Seepromenade zur Ablegestelle auf dem Ammersee. Egal, ob Sie ihn nur nach Dießen überqueren möchten oder eine Rundfahrt buchen: Alle wichtigen Informationen finden Sie unter www.seenschifffahrt.de.

Mit der S6 nach Planegg

17 Rundweg über Forst Kasten
Zum Stadtgrund außerhalb Münchens

Inmitten einer Waldrodung steht das Forsthaus Kasten – ein Wirtshaus, das mitsamt seiner Umgebung die Münchner zu Wanderungen und kleineren Radtouren einlädt. Der Forst ist im Übrigen eine Exklave Münchens.

Vom östlichen Tunnelausgang des Bahnhofes gehen wir geradeaus auf der Bahnhofstraße bis zur Bräuhausstraße kurz vor der Würm. Hier biegen wir rechts ein, wandern auf der Verlängerung der Margaretenstraße vorbei am Alten Wirt. Dann schwenken wir nach links, überqueren die Würm, gehen in Höhe der Ludwig-Nagel-Straße auf der Gautinger Straße (Durchgangsstraße) ein kurzes Stück nach links und biegen dann rechts in die Forst-Kasten-Straße ein.

Nun geht es sanft bergan zum östlichen Ortsrand, dabei ignorieren wir einen Wegabzweig linker Hand. Weniger später gehen wir rechts in das Planegger Sträßl und dann immer durch den Hochwald in südlicher Richtung geradeaus bis zum Gasthaus Forst Kasten, ohne auf Wegabzweige zu achten. Nach unserer Einkehr gehen wir weiter in Südwestrichtung, erreichen wieder den Wald und wandern auf dem »Gautinger« nun immer in westlicher Richtung. Wegabzweigungen linker und rechter Hand werden dabei erneut ignoriert. Erst wenn der Forstweg an einer weiteren Wegkreuzung in einer Linkskurve abdreht, gehen wir scharf rechts und an einer weiteren Wegkreuzung geradeaus. Dann treten wir bergab aus dem Wald heraus – hier sind wir am nördlichen Ortsrand von Stockdorf. Nun wandern wir einige Schritte durch Weideland, folgen der Planegger Straße (der Staats-

- **Abfahrt:** Ab M-Hbf tief alle 20 Min.
- **Fahrzeit:** Hinfahrt 24 Min.; Rückfahrt ab Stockdorf 21 Min.
- **Fahrpreis:** Hinfahrt 1 Zone/2 Streifen; Rückfahrt 2 Zonen/4 Streifen; Tageskarte München XXL
- **Route:** Forst Kasten – Stockdorf – Krailling
- **Weglänge:** 9 km
- **Gehzeit:** 2 Std.
- **Anspruch:** Ausgedehnte Waldwanderung mit nur geringen Höhenunterschieden; ein längeres Stück führt durch Wohnsiedlungen mit Einzelhäusern
- **Einkehr:** Gasthaus Forst Kasten; Planegg: Heide Volm (B), Zur Eiche (B); Krailling: Alter Wirt (B)

Rundweg über Forst Kasten

straße) nur wenige Meter rechts und nehmen anschließend die Allee nach Grubmühl linker Hand. Hier überqueren wir die Würm geradeaus bis zur Bahnlinie. Ihr folgen wir rechter Hand in nördlicher Richtung und kommen so in Stockdorf über die Tellhöhe in den Ort. An deren Ende folgen wir der Bahnstraße linker Hand zum Bahnhof in Stockdorf.

Eine Exklave der Landshauptstadt

1308 verkaufte Heinrich von Schmiechen 32 Tagwerk Wiesenmahd und Wald aus dem heutigen Forstenrieder Park an das Heiliggeistspital in München. Inmitten dieser Waldrodung steht das Forsthaus Kasten. Seit damals ist deshalb die heutige Erholungsoase im Forst eine Exklave der Landeshauptstadt als Verwalterin der Heiliggeist-Stiftung.

Die Würm durchquert wie die Isar München von Süd nach Nord.

Tipp

Die Margaretenkirche in Krailling ist mit ihrem auffälligen Zwiebelturm das Wahrzeichen des Ortes. Ihre Apsis ist noch gotisch, das Langhaus wurde 1580 angebaut, der Turm im 18. Jh. erneuert. Der barocke Hochaltar aus der ersten Hälfte des 18. Jh. birgt eine spätgotische Madonna (um 1500). Die Margaretenkirche liegt auf dem Hinweg in der Margaretenstraße unweit des Alten Wirtes.

Mit der S6 nach Starnberg

18 Tour nach Possenhofen
Durch die Maisinger Schlucht zu Sisis Schloss

Das Ziel dieser Wanderung ist Schloss Possenhofen, das Geburtshaus von Sisi, der späteren Kaiserin von Österreich. Der Weg dorthin führt durch die Maisinger Schlucht, die der Maisinger Bach im Lauf der Jahrtausende gegraben hat.

- **Abfahrt:** Ab M-Hbf tief alle 20 Min.
- **Fahrzeit:** Hinfahrt 33 Min.; Rückfahrt ab Possenhofen 39 Min.
- **Fahrpreis:** Hinfahrt 2 Zonen/4 Streifen; Rückfahrt 3 Zonen/6 Streifen; Tageskarte Gesamtnetz
- **Route:** Starnberg – Maisinger Schlucht – Maising – Pöcking – Possenhofen
- **Weglänge:** 13 km
- **Gehzeit:** 3 Std.
- **Anspruch:** Abwechslungsreiche Tour durch Wald, Wiesen, Felder sowie am Seeufer entlang mit einigen Steigungen; besonders reizvoll ist der Abschnitt durch die romantische Maisinger Schlucht
- **Einkehr:** Maisinger See: Maisinger Seehof (B); Maising: Gasthaus Georg Ludwig; Possenhofen: Schiffsglocke; Starnberg: Seerestaurant Undosa (B)

Wir verlassen den Bahnhof auf der Stadtseite (Nordseite), gehen auf dem Bahnhofsplatz links und folgen weiter der Bahnhofstraße. Dann überqueren wir die Weilheimer Hauptstraße und gehen auf der Söckinger Straße, der St2070, weiter, bis wir nach links in die Maisinger-Schlucht-Straße einbiegen. Wir folgen ihr bis zum Wasserwerk, biegen hier links ab und lassen den Nibelungenweg rechter Hand liegen. Dann wandern wir am Werkkanal entlang. An der Mozartstraße gehen wir links und gleich wieder rechts, queren später die St2563 und folgen schließlich dem Lauf des Maisinger Baches aufwärts durch die Maisinger Schlucht. An ihrem Ende geht es ein Stück bergauf aus dem Wald heraus und zum Ortsrand von Maising auf dem Schluchtweg. Die Ortsstraße führt uns rechter Hand in den Ort. Dann biegen wir links in die Seestraße und wieder links in den Feldweg durch Wiesen und eingezäunte Weiden zum Maisinger See, hier die letzten Meter wieder auf der Fahrstraße. Am Maisinger Seehof wenden wir uns kurz nach Süden zu und gehen dann an den nächsten beiden Weggabelungen linker Hand in östlicher Richtung weiter auf Waldwegen und durch Wiesen. Am Ende des Waldrandes erreichen wir eine Wegspinne – hier

Tour nach Possenhofen

Wildromantisch erscheint die Maisinger Schlucht dem Wanderer.

laufen fünf Wege zusammen. Wir nehmen den rechten (Maisinger Weg), wandern durch freies Ackerland und unterqueren die Olympiastraße nach Pöcking, das wir zuletzt auf dem Ascheringer Weg erreichen. An der Hauptstraße gehen wir ein Stück nach links, dann auf der Hindenburgstraße rechter Hand hinunter zum S-Bahnhof Possenhofen. Hier können Sie, wenn Sie möchten, ohne Badeaufenthalt am See gleich zurück nach München fahren.

Das Schloss Possenhofen

Herzog Max in Bayern, Chef einer Nebenlinie der Wittelsbacher, der Novellen und G'stanz'ln schrieb, komponierte und ausgezeichnet Zither spielte, kaufte 1834 das alte Hofmarkschloss Possenhofen. Berühmtheit erlangten drei seiner acht Kinder, die hier eine unbeschwerte Kindheit verbrachten: Elisabeth (bekannt als Sisi, geboren 1837), die spätere Kai-

Mit der S6 nach Starnberg

serin von Österreich, Sophie (geboren 1847), die unglückliche Verlobte Ludwig II., und Marie (geboren 1841), die letzte Königin von Neapel. Schloss Possenhofen ist heute in Eigentumswohnungen aufgeteilt und für Besucher nicht zugänglich.

Das Kaiserin-Elisabeth-Museum

König Ludwig II. erbaute den Bahnhof von Possenhofen mit dem historischen Königssalon. Hier erfahren Sie alles Wichtige über Kaiserin Elisabeth, angefangen bei ihrer Zeit in Possenhofen, unserem Ausgangsort, bis zu ihrem Lebensende am Genfer See (Informationen unter www.kaiserin-elisabeth-museum-ev.de).

Im »Paradies« bei Possenhofen

Wenn Sie baden möchten, gehen Sie in der Verlängerung weiter auf der Straße »Schlossberg« und überqueren dabei die Bahnlinie. Dann geht es linker Hand in die Karl-Theodor-Straße hinunter zum See. Hier folgen wir dem Seeuferweg linker Hand durch den Schlosspark zum Erholungsgelände zu einem ausgiebigen Badeaufenthalt im sogenannten »Paradies«. Danach geht es wieder zurück zum S-Bahnhof in Possenhofen zur Rückfahrt nach München.

Die Alte Pfarrkirche St. Josef in Starnberg

Sie ist mit ihrem hohen, kuppelgekrönten Turm das Wahrzeichen der Stadt auf beherrschender Lage und entstand zwischen 1764 und 1770. Die Kirche gilt dank der

Tour nach Possenhofen

vollendeten Einheit der Innenausstattung als eine der besten Lösungen des ländlichen bayerischen Barock. Baumeister war der Münchener Meister Leonhardt Matthäus Giessl. Die vornehmen und zurückhaltenden Stuckarbeiten sind von Franz Xaver Feichtmayr. Den Hochaltar mit den Statuen des Johann Nepomuk und des Franz Xaver sowie wohl auch die Kanzel schuf Ignaz Günther zwischen 1766 und 1769. Die Fresken sind das Werk des Müncheners Christian Winck.

Die meisten Besucher Starnbergs zieht es an das Seeufer, aber ein Spaziergang zur Pfarrkirche St. Josef ist einen Umweg wert.

Mit der S6 nach Starnberg-Nord

19 Durch das Würmtal
Über Rieden und das Mühlthal zur Würm

Vom S-Bahnhof Starnberg-Nord geht es über Gut-Rieden vorbei am alten Bahnhof Mühlthal hinunter zum Würmufer. Viele idyllische Plätze warten mit Bänken und Tischen zum Brotzeitmachen, bevor es weiter nach Gauting geht.

Wir verlassen den Bahnhof an der Westseite und gehen zunächst ein Stück in südlicher Richtung, dann rechter Hand in die Himbselstraße. An deren Ende folgen wir dem Ludwig-Thoma-Weg rechts. An dessen Ende folgen wir dem Riedener Weg erneut rechter Hand. Dabei lassen wir uns vom Schild »Riedener Weg« nicht irritieren, das nach links weist. Wir wandern nun also auf dem Riedener Weg in nördliche Richtung, vorbei am Friedhof, und verlassen am Ortsende-Schild Starnberg. Über eine Nebenstraße, die nur für Anlieger frei ist, gelangen wir zum Golf-Gut Rieden. Hier spazieren wir linker Hand am Restaurant des Gutes vorbei. An der Kapelle in Rieden gehen wir geradeaus mit dem Radwegweiser »Gauting« auf einer Nebenstraße bergab in nordöstlicher Richtung. An der folgenden Straßengabelung führt der Weg wieder geradeaus und biegt wenig später rechts durch die Bahnunterführung ab. Gleich darauf gehen wir linker Hand hinauf zum alten Bahnhof Mühlthal. Hier führt uns ein Fußweg

- **Abfahrt:** Ab M-Hbf tief alle 20 Min.
- **Fahrzeit:** Hinfahrt 30 Min.; Rückfahrt ab Gauting 27 Min.
- **Fahrpreis:** 2 Zonen/4 Streifen (einfach); Tageskarte München XXL
- **Route:** Starnberg-Nord – Rieden – Mühlthal – Würmtal – Gauting
- **Weglänge:** 10 km
- **Gehzeit:** 2 ¼ Std.
- **Anspruch:** Wanderung zunächst auf Nebenstraßen, dann auf dem Würmuferweg
- **Einkehr:** Mühlthal: Forsthaus Mühlthal (B)

Am Lederersteg in Gauting klappert das alte Mühlrad.

Durch das Würmtal

rechts in eine Kehre und wieder hinunter zur Straße, der wir linker Hand folgen. An der Hauptstraße in Mühlthal angelangt, folgen wir ihr links mit dem Wegweiser »Gauting« ein kurzes Stück. Am Gasthof Forsthaus Mühlthal biegen wir rechter Hand in den Uferweg entlang der Würm ein. An der nächsten Brücke gehen wir weiter geradeaus, entlang der Würm. Der geschotterte Weg mündet nun in einen geteerten. Wir kommen aus dem Wald heraus. An der Reismühle geht es geradeaus weiter, vorbei an einem Sportplatz. Nach der Abzweigung der Einbahnstraße »Am Steg« gehen wir gleich darauf linker Hand in einen kleinen Fußweg. Wir überqueren die Würm und gelangen an einer Straßengabelung halbrechts in die Reismühlerstraße. An deren Ende folgen wir der Starnberger Straße rechter Hand. An der nächsten Ampelkreuzung geht es dann linker Hand in die Bahnhofstraße mit den Wegweisern »S-Bahn« zum S-Bahnhof Gauting.

Die Würm

Sie entspringt dem Starnberger See und fließt nach Norden. In Dachau fließt der Hauptarm dann in die Amper. Der Würmkanal hingegen fließt über die Moosach direkt zur Isar. Der Name ist ihr deshalb gut zuzuordnen, weil der Starnberger See vor 1962 offiziell Würmsee hieß.

Tipp

Wirklich schöne Uferplätze an der Würm gibt es im Wegabschnitt zwischen dem Mühlthal und dem nördlichen Waldende vor Gauting. Bänke, oft auch mit Tischen, laden zu einer ausgiebigen Brotzeit am Flussufer ein. Genießen Sie dabei den Fluss, wie er in Mäandern ruhig durch den Wald fließt, mit einigen Steinen im grün schimmernden Wasser. Wahrlich ein Genuss für alle Sinne!

Mit der S6 nach Starnberg

20 Berg und Bismarckturm
Eine Rundtour mit Sicht bis zu den Alpen

Auf der Wanderung nach Berg und Leoni am Ufer des Starnberger Sees trifft man mit dem Kreuz im See und der Votivkapelle auf die Gedenkstätten zum mysteriösen Tod des Märchenkönigs Ludwig II.

Wir verlassen den Bahnhof an der Seeseite und gehen auf der Seepromenade nach links. In der Verlängerung geht es in die Dampfschiffstraße, dann in den Nepomukweg rechter Hand. So erreichen wir hinter den Ziehbrücken über die Würm und den Lüßbach das Erholungsgelände Kempfenhausen, durch das wir nun südwärts am Seeufer entlang wandern. Am vorläufigen Ende des Uferweges gehen wir rechter Hand in die Seestraße. Dann geht es vorbei am Schlosshotel Berg bergauf in die Wittelsbacherstraße und später rechts über den Weg »Am Hofgarten« und den König-Ludwig-Weg in den Schlosspark, den wir durchqueren. In Kehren wandern wir über den Parkweg hinunter zum See und über die Assenbucher Straße weiter, am Freibad und der Anlegestelle Leoni vorbei. Dann geht es steil nach links in den Schluchtweg hinauf zur Parkanlage mit dem Bismarckturm an deren Südende und einer Aussicht weit über den Starnberger See bis zur Alpenkette. Zurück wandern wir über die Dürrbergstraße nach Norden. Wenn diese nach rechts abknickt, gehen wir geradeaus in den Rottmannweg, dann links abzweigend in den Seilbahnweg hinunter zum Seehotel Leoni. Die restliche Wegstrecke zurück am Seeufer zum Bahnhof Starnberg entspricht dem Hinweg.

- **Abfahrt:** Ab M-Hbf tief alle 20 Min.
- **Fahrzeit:** Hinfahrt 33 Min.; Rückfahrt 35 Min.
- **Fahrpreis:** 2 Zonen/4 Streifen (einfach); Tageskarte München XXL
- **Route:** Starnberg – Kempfenhausen – Berg – Leoni und zurück
- **Weglänge:** 15 km
- **Gehzeit:** 3 ½ Std.
- **Anspruch:** Schöne Wanderung, meist am Seeufer entlang, mit lohnenden Ausblicken über den See bis zu den Bergen; am Schluss ein steiler Aufstieg
- **Einkehr:** Hotel Schloss Berg (B), Leoni: Seehotel Leoni (B)

Der Bismarckturm

Der Bismarckturm wurde 1899 auf Anregung Franz von Lenbachs vom Bismarckverein »auf den Höhen des Starnberger Sees« am Südrand

Berg und Bismarckturm

von Assenhausen zu Ehren des ersten Reichskanzlers errichtet. Architekt war Theodor Fischer. Park und Turm befinden sich im Besitz der Landeshauptstadt München, die auch Unterhalt und Pflege der Anlage trägt.

Ein italienischer Sänger namens Leoni

Der bayerische Staatsrat Franz von Kenner vermachte Anfang des 19. Jh. seine Villa in Assenbuch dem italienischen Sänger Giuseppe Leoni. Der stellte sich in seiner Freizeit gern an den Herd. Ab 1825 zogen Leonis Kochkünste Prominente aller Art an. Es war schick, in »Leonihausen« oder »beim Leoni« zu speisen. So erhielt Assenbuch den Namen Leoni.

Am Bismarckturm ist die Hälfte der Wanderung geschafft.

Tipp

Friedrich von Hörwarth baute 1640 Schloss Berg. Seit 1676 ist die Anlage im Besitz der Wittelsbacher. Der schöne Schlosspark ist öffentlich zugänglich. Das Treiben am Seeufer bietet einige Möglichkeiten. Neben den Cafés mit Seeblick, allem voran das Undosabad, gibt es auch die Möglichkeit, ein Ruder- oder Elektroboot auszuleihen, um damit selbst »in See zu stechen«. Hier finden wir auch den Anlegesteg der Ausflugsschiffe, mit denen wir eine Rundfahrt über den Starnberger See machen können (Infos unter www.seenschifffahrt.de).

Mit der S6 nach Possenhofen

21 Uferweg nach Tutzing
Schönste Stimmungsbilder garantiert

Von Possenhofen führt ein traumhafter Weg an der Ufern des Starnberger Sees über Feldafing und Garatshausen nach Tutzing. Ein Abstecher zur Roseninsel rundet diese Wanderung zu einem perfekten Ausflug ab.

Von der östlichen Seite des Bahnhofes in Possenhofen gehen wir nach rechts in den Elisabethweg (Pöckinger Fußweg), der zu Ehren von Königin Elisabeth angelegt wurde. Diesem folgen wir an der nächsten Kreuzung linker Hand. Wir gehen auf der Feichtetstraße zur Hauptstraße, überqueren diese, wandern geradeaus weiter in die Karl-Theodor-Straße und folgen der Rechtskurve vorbei am Schloss Possenhofen in den Seeweg in südlicher Richtung. Hier mündet die Straße in den Seeuferweg.

Vorbei am Strandbad Feldafing geht es auf dem Seeuferweg weiter in südlicher Richtung. Wir passieren die Ablegestelle zur Roseninsel und kommen entlang des Sees nach Garatshausen. Hier gehen wir dem Ernst-Henne-Weg nach weiter in südlicher Richtung, vorbei am Altenheim und dem Strandbad und weiter nach Tutzing und zum Tutzinger Biergarten. Nach einem erneuten kurzen Stück am See folgen wir dem Fischergassl rechter Hand. An dessen Ende überqueren wir die Kreuzung geradeaus und nehmen die Oskar-Schlüter-Straße sowie deren Verlängerung, die Kirchenstraße. Rechts biegen wir dann in die Hörmannstraße, bevor linker Hand der Schluchtweg mit dem Schild »Bahnhof« abzweigt. An dessen Ende geht es nun links auf der Heinrich-Vogl-Straße und deren Verlängerung, der Bahnhofstraße, zum Bahnhof nach Tutzing.

- **Abfahrt:** Ab M-Hbf tief alle 20/40 Min.
- **Fahrzeit:** Hinfahrt 37 Min.; Rückfahrt S6 45 Min., RE 27 Min.
- **Fahrpreis:** 3 Zonen/6 Streifen (einfach); Tageskarte Gesamtnetz
- **Route:** Possenhofen – Seeufer – Tutzing
- **Weglänge:** 7 km
- **Gehzeit:** 1 ¾ Std.
- **Anspruch:** Wanderung zumeist auf schönen Uferwegen am Starnberger See, in Possenhofen und Tutzing jeweils auf Nebenstraßen
- **Einkehr:** Feldafing: Strandbad Feldafing; Tutzing: Tutzinger Biergarten (B); Possenhofen-Pöcking: Forsthaus am See (B)

Uferweg nach Tutzing

Die Roseninsel

Ein besonderes Erlebnis ist die Überfahrt zur Roseninsel. Auf einem Rundgang gibt es hier neben alten Baumriesen einen Rosengarten. Die königliche Vergangenheit der Insel, ist im Inselschlösschen, dem Casino, zu erfahren. Im kleinen Museum des Gärtnerhauses kann man zudem die Geschichte der Insel einsehen. Bereits vor 6000 Jahren wurde diese Insel besiedelt.

Der Starnberger See

Der fünftgrößte See in Deutschland entstand durch die Ausschiebung des Isar-Loisach-Gletschers. Mit einer Länge von 19,4 und einer Breite von 4,6 Kilometern kann man den See auf vielen Abschnitten in Ufernähe auf einer Länge von über 50 Kilometern umrunden. Starnberg, Tutzing und Seeshaupt bilden dabei die größten Seeorte. Seine Lage 25 Kilometer südwestlich von München mit Blick auf die Alpenkette macht ihn zu einem beliebten Ausflugsziel. Nicht zuletzt die Seeschifffahrt trägt dazu bei, egal ob man eine Rundfahrt macht oder nur zu einem der Uferorte fahren möchte.

In Tutzing können wir am Ende der Tour ein Bad im Starnbergersee genießen.

Wer mit dem Ruderboot über den See fahren möchte, kann sich in Bahnhofsnähe zu einem der Bootshäuser Richtung Undosabad begeben. Der See trägt offiziell seinen Namen erst seit 1962, zuvor wurde er unter dem Namen Würmsee geführt, dessen Abfluss noch heute diesen Namen trägt.

Mit der S6 nach Possenhofen

22 In die Starzenbachschlucht

Durch tiefe Waldtäler und entlang schöner Uferwege

Von Possenhofen führt ein interessanter Weg durch die Starzenbachschlucht, auch Wolfsschlucht genannt, nach Feldafing. Am Seeufer des Starnberger Sees geht es zurück nach Possenhofen – ein wirklich beschaulicher Spaziergang.

Von der östlichen Seite des Bahnhofes in Possenhofen gehen wir nach rechts in den Elisabethweg, den Pöckinger Fußweg, der zu Ehren von Königin Elisabeth angelegt wurde. Diesem folgen wir an der nächsten Kreuzung linker Hand. Wir nehmen die Feichtetstraße und biegen noch vor der Hauptstraße nach rechts, wieder dem Wegweiser Elisabethweg folgend, in die Starzenbach- beziehungsweise Wolfsschlucht ab. Hier folgen wir dem Weg durch den Wald im Talgrund bergauf. Am Ende des Waldes, am Beginn der Bebauung in Feldafing, gehen wir linker Hand in den Schluchtweg – in der Verlängerung wird dieser zum Dr. Appelhansweg. An seinem Ende gehen wir in die Bahnhofstraße links (St2067) und ignorieren dann rechter Hand die Tutzinger Straße. Hier folgen wir noch ein kurzes Stück der Possenhofener Straße geradeaus weiter. Dann nehmen wir rechts die Seestraße. An ihrer Linkskurve biegen wir rechts in die Ruffiniallee ein, die uns hinunter zum Starnberger See bringt.

Dem Seeuferweg folgen wir links, vorbei am Forsthaus am See, zurück nach Possenhofen. Hier mündet der Seeuferweg in den Seeweg, der am Yachtclub vorbeiführt. So gelangen wir auf die Karl-Theodor-Straße, vorbei am Schloss Possenhofen, und dann in einer Linkskurve zur Hauptstraße. Diese überqueren wir und folgen der Feichtetstraße bergauf. Vor den Bahnunterführung nehmen wir rechts den Elisabethweg (Pöckinger Fußweg) zurück zum Bahnhof Possenhofen, unserem Ausgangspunkt.

■ **Abfahrt:** Ab M-Hbf tief alle 20/40 Min.
■ **Fahrzeit:** Hinfahrt 37 Min.; Rückfahrt 39 Min.
■ **Fahrpreis:** 3 Zonen/6 Streifen (einfach); Tageskarte Gesamtnetz
■ **Route:** Possenhofen – Starzenbachschlucht – Seeufer – Possenhofen
■ **Weglänge:** 5 km
■ **Gehzeit:** 1 ¼ Std.
■ **Anspruch:** Wanderung auf zumeist geschotterten Wegen
■ **Einkehr:** Possenhofen-Pöcking: Forsthaus am See (B)

In die Starzenbachschlucht

Immer wieder haben wir herrliche Aussichten über den Starnberger See.

Die Starzenbachschlucht

Der Name Starzenbach kommt von »Sturzbach«, die Schlucht wird aber auch Wolfsschlucht genannt und trägt somit zwei Namen. Auf der Länge von etwa 1,5 Kilometern wird der tiefe Einschnitt von einem Wald- und Naturlehrpfad gestaltet. Auf den Schautafeln sind die Entstehung des Starzenbaches geschildert sowie die umgebende Flora und Fauna. Dabei kann man große Unterschiede im Mikroklima der Schlucht zur Umgebung feststellen.

Mit der S6 nach Tutzing

23 Rundweg zum Deixlfurter See

Wiese, Wald, Schlucht – hier ist Abwechslung geboten

Der Deixlfurter See ist ein verträumter See nahe Tutzing, der sich im Sommer – bei entsprechendem Badewetter – zu einem beliebten Naherholungsziel entwickelt hat.

Von der Ostseite des Bahnhofs gehen wir nach links über die Bahnhofstraße in die Heinrich-Vogl-Straße, die unter den Gleisen hindurch und nach rechts neben der Bahn verläuft. Wir überqueren die Kustermannstraße und laufen bis zur Traubinger Straße, von wo es rechts durch die Bahnunterführung und dann gleich links die Treppe hinauf Richtung »Waldschmidt-Schlucht« geht. Der Fußweg führt entlang der Bahn. Wieder gehen wir über eine Treppe und durch eine Fußgängerunterführung. So kommen wir erneut auf die andere Bahnseite, wandern auf der Fahrstraße bis zu einer Senke und biegen links in die Waldschmidt-Schlucht ein, der wir bergauf folgen. An einer Verzweigung der Schlucht folgen wir dem Wegweiser »Deixlfurter See, X1« rechter Hand. Auf der Höhe gehen wir dann auf einem Waldweg oberhalb des Bachlaufes weiter und erreichen wenig später, nahe der Siedlung an der Luswiese, freies Feld. Hier wandern wir, am Waldrand bleibend, bis zur Fahrstraße nach Traubing. Auf ihr gehen wir ein Stück nach rechts, biegen aber wenig später nach links auf den Forstweg durch den Wald ein, der uns nach kurzer Wanderung zum Deixlfurter See führt.

An einer Weggabelung bleiben wir geradeaus,

- **Abfahrt:** Ab M-Hbf tief alle 20/40 Min., RE ab M-Hbf alle 30/60 Min.
- **Fahrzeit:** S6 45 Min., RE 27 Min. (einfach)
- **Fahrpreis:** 3 Zonen/6 Streifen (einfach); Tageskarte Gesamtnetz
- **Route:** Tutzing – Waldschmidt-Schlucht – Deixlfurter See – Tutzing
- **Weglänge:** 5 km
- **Gehzeit:** 1 ½ Std.
- **Anspruch:** Sehr abwechslungsreicher Spaziergang durch eine romantische Schlucht, über Wiesen und eine Uferallee mit längeren Waldabschnitten; bei nassen Wegen auf dem Rückweg eventuell der Kustermannstraße nach Tutzing folgen
- **Einkehr:** Tutzing: Tutzinger Hof, Andechser Hof (B), Wirtschaft zum Häring (B)

Rundweg zum Deixlfurter See

Wer den Sommertrubel scheut, marschiert einfach in der Winterzeit los.

an der Schranke vorbei durch die Allee mit dem Schild »Tutzing X1«. An einer Gabelung der Wege wandern wir linker Hand mit dem Schild »Obertraubing X1«. Vorbei an weiteren kleinen Weihern, kommen wir zu einer Fahrstraße, der wir linker Hand folgen. Dann zweigt links der Wegweiser »Tutzing X1« in den Wald ab, immer in Nähe der Straße. Wir kommen erneut ein kurzes Stück auf die Straße, der wir linker Hand folgen. Dann zweigt wiederum links der Waldpfad mit dem Schild »Tutzing X1« ab. Zurück an der Straße, gehen wir ein Stück links.

Gleich darauf geht es rechter Hand in den Wald und weiter mit dem Schild »Tutzing X1«, dann bergab in ein schluchtähnliches Tal. Am Bachlauf angelangt, folgen wir diesem bergab zurück nach Tutzing. Am Ende des Weges (Martelsweg) führt der Weg rechts über den Beringer Weg zurück zum Bahnhof Tutzing. Bei sehr nassen Wegverhältnissen sollte man auf das letzte Stück der Wanderung durch die Waldschlucht

Tipp
Nach der Tour lohnt noch ein Abstecher hinunter zum See. Im Tutzinger Biergarten sitzt man mit einer schönen Aussicht über den See und kann anschließend am Uferweg des Starnberger Sees noch ein Stück spazieren.

Mit der S6 nach Tutzing

> **Das Museumsschiff »Tutzing«**
> 1999 ging die altgediente »Tutzing« als Museumsschiff in ihrem »Heimathafen« am Starnberger See endgültig vor Anker. Begonnen hatte die Schifffahrt auf dem See auf Initiative des königlichen Baurats, Architekten, Unternehmers, Reeders und Kapitäns Johann Ulrich Himbsel. Er baute die Bahnstrecken München–Augsburg und München–Starnberg und ließ den Raddampfer »Maximilian« bauen und ab 1851 auf dem See verkehren.

verzichten und auf der Kustermannstraße nach Tutzing gehen. Über die Heinrich-Vogl-Straße rechts und den Beringer Weg geht es bei dieser Variante zurück zum Bahnhof nach Tutzing.

Die Tutzinger Kirche St. Peter und Paul

Die alte Tutzinger Kirche St. Peter und Paul wurde 1738–39 auf den Fundamenten eines gotischen Baus errichtet. Im 19. Jh. ging fast die gesamte Inneneinrichtung verloren. Der Turm musste 1893 abgerissen werden. 1901 erstand er nach den alten Plänen neu. Die heutige Inneneinrichtung ist dem Sammeleifer des Pfarrers Katzenschwanz zu verdanken. Dazu gehören die Barockplastik Maria vom Siege im Hochaltar (früher im Tutzinger Schloss), die barocken Statuen der Kirchenpatrone, die den Hauptaltar flankieren, und spätgotische Figuren der Heiligen Sebastian und Barbara.

Der Deixlfurter See

Idyllische Wege führen um die angrenzenden Weiher herum. Wer am See baden möchte, sollte genau auf die dafür freigegebenen Bereiche achten. Und wer am Südufer den Pfaden durch das Moor folgen möchte, sollte wissen, dass viele der alten Stege verrottet sind. Die Benutzung der angrenzenden Anlegestellen erfolgt auf eigene Gefahr; Eltern haften für ihre Kinder.

Rundweg zum Deixlfurter See

Die Tutzinger Doppelturmkirche St. Joseph sieht man schon von weitem.

Mit der S6 nach Tutzing

24 Rundweg zur Ilkahöhe

Die Erbin derer von Vieregg gab dem Hügel den Namen

Die Aussichtshöhe oberhalb von Oberzeismering liegt 728 Meter über dem Meer und 150 Meter über dem Wasserspiegel des Starnberger Sees. Namensgeberin war Fürstin Ilka von Wrede, Erbin des letzten Grafen von Vieregg.

Von der westlichen Seite des Bahnhofes in Tutzing gehen wir nach rechts, also in nördlicher Richtung, und folgen dem Schild »Ilkahöhe« in den Beringer Weg. Wenig später, am Martelsgraben, sehen wir den Wegweiser »Ilkahöhe« erneut und folgen ihm, nun linker Hand, dann an einem Bachlauf entlang. Später führt uns der Wegweiser »Deixlfurter See, Ilkahöhe X1/X2«. An einer Weggabelung, an der der Wegweiser »Ilkahöhe X2« linker Hand abzweigt, gehen wir geradeaus in der Nähe des Baches. (Zur Zeit unserer Begehung war hier kein Wegweiser angebracht.)

In der Folge leiten uns die Wegweiser »Obertraubing, Deixlfurter See X1« durch das Tal weiter bergauf, zunächst am Bachlauf entlang, dann oberhalb dessen. An einer Fahrstraße angelangt, folgen wir dieser linker Hand. Nach wenigen Metern führt uns wieder das Schild »Obertraubing, Deixlfurter See X1« rechts von der Straße weg durch den Wald. Kurzzeitig gelangt der Weg aber wieder auf die Straße, der wir rechter Hand folgen. Dann zweigt erneut unser Waldpfad rechts von der Straße ab, wiederum mit dem Schild »Obertraubing, Deixlfurter See X1«. Am Ende des Pfades ignorieren wir aber genau dieses Schild, überqueren die Straße und folgen ohne Beschilderung geradeaus dem Forstweg. Das machen wir an der nächsten

- **Abfahrt:** Ab M-Hbf tief alle 20/40 Min., RE ab M-Hbf alle 30/60 Min.
- **Fahrzeit:** S6 45 Min., RE 27 Min. (einfach)
- **Fahrpreis:** 3 Zonen/6 Streifen (einfach); Tageskarte Gesamtnetz
- **Route:** Tutzing – Großer Stein – Ilkahöhe – Oberzeismering – Tutzing
- **Weglänge:** 6 km
- **Gehzeit:** 1 ¾ Std.
- **Anspruch:** Wanderung durch besonders schöne Wald- und Wiesenlandschaft mit zahlreichen Steigungen; der Aufstieg des Weges X1 ist nur bei trockenen Wegen zu empfehlen, bei nassen Wegen sollten Sie den Schildern (X2) zur Ilkahöhe folgen
- **Einkehr:** Forsthaus Ilkahöhe (B); Tutzing: Andechser Hof (B), Tutzinger Hof

Es gibt keinen schöneren Aussichtspunkt auf den Starnberger See als von der Ilkahöhe oberhalb von Tutzing.

Forstweggabelung ebenso. An der darauffolgenden geht es dann links – ohne Beschilderung – weiter. An einer Straße am Waldrand folgen wir dieser nun rechts mit dem Wegweiser »Monatshausen, Ilkahöhe« wenige Meter bergauf. Dann zweigt links der Kammweg durch die Weiden und Wiesen der Ilkahöhe (728 m) ab. Wir wandern bis zum Aussichts- und Rastplatz unter alten Bäumen. Für den Rückweg wählen wir dieselbe Route. Alternativ können Sie auch den Wegweisern »Tutzing X2« durch den Wald bergab folgen und gelangen so wieder auf den Weg am Bachlauf in Tutzing. Die restliche Wegstrecke würde hier dem Hinweg der Route X1 entsprechen. Bei nassen Wegen können sie den Wegweisern X2 schon für den Anstieg zur Ilkahöhe als Variante folgen.

Die Ilkahöhe

Der Ausblick von dem lang gestreckten Grasrücken fasziniert. Weit geht der Blick über den See. Im Süden baut sich die Alpenkette auf. Besonders markant sind die Benediktenwand und das steil aufragende Karwendelgebirge mit seinen Felsketten. Dieses Panorama können Sie von einer der Aussichtsbänke genießen, die am Weg zur Ilkahöhe auf dem Grasrücken stehen.

Mit der S7 nach Icking

25 Zum Kloster Schäftlarn

Eine der schönsten Kirchen Bayerns steht im Isartal

»Skeftilari« hieß das kleine Benediktinerkloster, das um 762 am linken Isarufer entstand. Unter dem ersten Abt Waltrich wurde es ein bischöfliches Eigenkloster von Freising, das in den Ungarnwirren zerstört wurde.

Am Bahnsteig in Icking gehen wir zu seinem südlichen Ende, überqueren dann links die Gleise und wandern weiter zur Mittenwalderstraße der B11, der wir linker Hand folgen. Dann biegen wir rechts in den Hauserweg ein und gleich darauf links in den Isarweg. Wieder links zweigt von hier dann der Gregoriweg ab. An seinem Ende gelangen wir an zwei Wegdreiecke. Am ersten halten wir uns links, am zweiten rechts und gelangen auf diese Weise nach Gut Holzen. Hier geht es links auf der breiten Allee aus dem Gut heraus bis zur B11 weiter, dann kurz rechts und nochmals rechts in den Weg Holzner Graben am Waldrand entlang. In der Linkskurve achten wir hier nicht auf den Abzweig rechter Hand in den Wald, sondern gehen geradeaus nach Osten über Wiesen und Felder. An einer Wegkreuzung stößt linker Hand der Rodelweg zu uns. Wir aber gehen weiter geradeaus über die »Alte Rodelbahn« bergab durch den Wald. Im Talgrund wandern wir an einer Weggabelung links zum Kloster Schäftlarn und überqueren dabei die St2071. Einige Schritte hinter der Klosterkirche führt ein steiler Waldpfad nach links bergauf, der uns, zum Teil über Stiegen, nach Ebenhausen und zur S-Bahn führt.

- **Abfahrt:** Ab M-Hbf tief alle 20/40 Min.
- **Fahrzeit:** Hinfahrt 37 Min.; Rückfahrt ab Ebenhausen-Schäftlarn 34 Min.
- **Fahrpreis:** 2 Zonen/4 Streifen (einfach); Tageskarte München XXL
- **Route:** Icking – Holzen – Kloster Schäftlarn – Ebenhausen Schäftlarn
- **Weglänge:** 5 km
- **Gehzeit:** 1 ½ Std.
- **Anspruch:** Abwechslungsreiche Wanderung durch Wiesen, Felder und Wald mit einigen Steigungen und Gefällestrecken
- **Einkehr:** Schäftlarn: Klosterbräustüberl (B); Ebenhausen: Zur Post (B)

Die Klosterkirche Schäftlarn

Die Klosterkirche Schäftlarn zählt zu den bedeutendsten Barockschöpfungen Bayerns. Der Bau entstand zwischen 1733 und 1760. Den Kir-

Die Klosterkirche von Schäftlarn liegt im Isartal.

chenbau führte in der ersten Bauphase (1733–40) Hofbaumeister François Cuvilliés der Ältere durch. Die zweite Bauphase (1751–60) leiteten Hofbaumeister Johann Georg Gunetsrhainer und der wohl genialste Architekt seiner Zeit, Johann Michael Fischer.

Floße am Bruckenfischer

Wer im Sommerhalbjahr ein besonderes Spektakel verfolgen möchte, kann entlang der Straße Richtung Straßlach zum Gasthaus Bruckenfischer laufen. Hier fahren viele Floße auf dem Isarkanal von Wolfratshausen an die Floßlände in Thalkirchen bei München. Musik und gute Stimmung sind auf diesen Fahrten immer garantiert.

Mit der S7 nach Icking

26 Wolfratshauser Aussichtsrunde

Wo die Flößer jahrhundertelang den Ton angaben

Mitte des 16. Jh. wurde im Markt Wolfratshausen in einem einzigen Jahr von 1400 Flößen Zoll erhoben. Erst als 1891 die Isartalbahn Wolfratshausen erreichte, starb die Flößerei als Wirtschaftszweig aus – geblieben ist das Sommer-Freizeitvergnügen.

Am Bahnsteig in Icking gehen wir zu seinem südlichen Ende, überqueren dann links die Gleise und gehen zur Mittenwalderstraße der B11, der wir nach rechts folgen. Vor der Überquerung der Bahnlinie biegen wir linker Hand in eine Nebenstraße, der wir bis Spatzenloh neben den Bahngleisen folgen. Nun gehen wir durch den Wald weiter in Nähe der Gleise in Südrichtung, dann in einer Linkskurve bergab. Hier gelangen wir auf eine Wegkreuzung, der wir rechts über die Bahnlinie in den Höllgraben nur wenige Meter folgen.

- **Abfahrt:** Ab M-Hbf tief alle 20/40 Min.
- **Fahrzeit:** 37 Min. (einfach)
- **Fahrpreis:** 2 Zonen/4 Streifen (einfach); Tageskarte München XXL
- **Route:** Icking – Spatzenloh – Schlederloh – Dorfen – Wolfratshausen – Weidach – Ickinger Wehr – Icking
- **Weglänge:** 12 km
- **Gehzeit:** 3 Std.
- **Anspruch:** Schöner und abwechslungsreicher Weg am Isarhochufer entlang
- **Einkehr:** Icking: Landhotel Klostermaier (B); Wolfratshausen: Humplbräu, Wirtshaus Flößerei (B)

Dann zweigt der Weg links in den Wald ab, wir gelangen in die Siedlung von Schlederloh. Hier geht es an der nächsten Gabelung links und dann gleich wieder rechts. So gehen wir weiter nach Süden. Rechter Hand sehen wir ein Waldstück, linker Hand noch einige Häuser der Siedlung. An einer Gabelung, an der wir auf freies Feld kommen, gehen wir nun links am Isarhochufer mit schönen Aussichtspunkten entlang und erreichen so die Münchner Straße in Dorfen. Dieser folgen wir links in den Ort. Hier zweigt rechter Hand die Wolfratshauser Straße ab, der wir ein Stück folgen – in der Verlängerung ist das die Starnberger Straße der St2070. Dann geht es linker Hand in den Schloßbergweg, der uns am Ortsrand über Wiesen und Felder führt. Kurz vor dem Findling bei der Holz-

Wolfratshauser Aussichtsrunde

bank gehen wir links über eine Wiese zum Buchenwald. In einer Waldschlucht verläuft der Weg bergab zur Teufelsbrücke. Über Stiegen geht es nun bergauf, vorbei am Holzmarterl zu »Unserer lieben Frau von Aufkirchen« zur Viehweide, die wir queren. Auf dem Walderlebnispfad wandern wir dann bergab zum Kapellenweg, über die Frauenkapelle und die Steintreppe zum Untermarkt von Wolfratshausen. Hier geht es rechts zur Bahnhofstraße, der wir nach links über die Loisach folgen. Gleich darauf geht es linker Hand entlang der Loisach auf dem Uferweg, vorbei am Wehr bis zum Ortsteil Weidach. Hier gehen wir über die Loisach auf der Weidacher Hauptstraße linker Hand, dann gleich rechter Hand in die Schlederleiten. Dabei queren wir die Bahngleise und bleiben rechts auf der Schlederleiten. Über dem Zusammenfluss von Isar und Loisach geht es wieder rechter Hand hinunter zum Isarufer bis zum Ickinger Wehr. Hier teilt sich die Isar in Kanal und Fluss. Nach dem Ickinger Wehr gehen wir an einer Weggabelung linker Hand in Kehren bergauf durch den Wald und an der nächsten Weggabelung auf dem Isarweg geradeaus, der uns nach Icking zurückbringt. An seinem Ende wandern wir am Hauserweg rechts und gelangen so auf die B11 der Mittenwalderstraße. Von hieraus sind es nur noch wenige Meter zum S-Bahnhof in Icking.

An der Loisach bei Wolfratshausen wurden extra Fischtreppen gebaut.

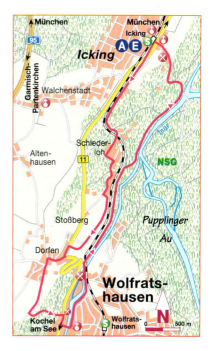

Mit der S7 nach Wolfratshausen

27 Durch die Pupplinger Au
Naturschutzgebiet mit botanischen Raritäten

Von Botanikern als Raritäten angesehen, in der Pupplinger Au dennoch häufig zu sehen sind Gipskraut, Alpenleinkraut, Silberwurz, Steinbrech, Frühlingsenzian, Felsenbirne, Alpenrebe, Frauenschuh und andere Orchideenarten.

Von der Westseite des Bahnhofs in Wolfratshausen gehen wir nach links durch die Bahnhofstraße zur Sauerlacher Straße, der wir erneut linker Hand bis Nantwein folgen. Dort biegen wir links in die Weidacher Hauptstraße ein. Dann geht es gleich rechts in die Jordanstraße und an deren Ende rechts in die Isarstraße, die uns wieder zur Sauerlacher Straße (St2070) bringt. Wir wandern auf ihr nach links weiter über die Isarbrücke. Nach der Brücke gehen wir linker Hand in die Austraße nach Puppling, vorbei am Gasthaus Aujäger nordwärts. An der nächsten Weggabelung nehmen wir links die Wehrbaustraße.

Wir wandern nun durch den lichten Kiefernwald der Pupplinger Au, weiter in nördliche Richtung, bis wir die Isar am Ickinger Wehr erreichen. Wegabzweigungen linker und rechter Hand ignorieren wir dabei. Auf diesem Wegabschnitt können Sie auch mit etwas Spürsinn links zur Isar halten und dort auf kleinen Pfaden entlang des Flusses bis zum Ickinger Wehr gehen. Hier teilt sich die Isar in Fluss und in Kanal. Entlang des Isarkanals, später auf der Dammkrone, wandern wir nun nach Nordosten zur Aumühle. Dort gehen wir rechts und verlassen den Isarkanal, dann biegen wir gleich wieder rechts ab, vorbei am Gasthaus Aumühle. An der nächsten Gabelung geht es noch einmal rechts durch den Kiefernwald zurück nach Puppling. Dabei ignorie-

- **Abfahrt:** Ab M-Hbf tief alle 20/40 Min.
- **Fahrzeit:** Hinfahrt 41 Min.; Rückfahrt 43 Min.
- **Fahrpreis:** 3 Zonen/6 Streifen (einfach); Tageskarte Gesamtnetz
- **Route:** Wolfratshausen–Pupplinger Au – Aumühle – Pupplinger Au – Wolfratshausen
- **Weglänge:** 14 km
- **Gehzeit:** 3 ½ Std.
- **Anspruch:** Wanderung durchs Naturschutzgebiet Pupplinger Au auf ebenen, meist asphaltierten Wegen oftmals durch Kiefernwald, hier auch auf Pfaden möglich
- **Einkehr:** Puppling: Aujäger (B), Wirtshaus in der Pupplinger Au (B); Aumühle: Aumühle (B)

Wolfratshausen ist eine Stadt mit einer langen Flössertradition.

ren wir erneut weitere Wegabzweigungen. Beim Gasthaus Aujäger erreichen wir die Route des Hinwegs und gehen auf derselben zum S-Bahnhof in Wolfratshausen zurück.

Die Kirche St. Nantwein

Die Kirche St. Nantwein wurde 1624 aus Tuffstein unter Verwendung einer älteren spätgotischen Anlage gebaut. Die reizvolle Innenausstattung aus der Entstehungszeit bietet einen harmonischen Gesamteindruck mit Stuckaturen, Rankenwerk und Engelsköpfen an den Gewölbeflächen. Der Hochaltar, nach einer Inschrift 1634 restauriert, trägt ein Gemälde der Marter des Kirchenpatrons, das dem Wolfratshauser Meister Leonhard Griesmann zugeschrieben wird. In einer Wandnische im Altarraum ruht der Schrein des Hl. Nantwein (Nantovinus). Er stand früher auf dem Hochaltar.

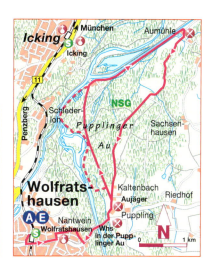

> **Tipp**
>
> In der Pupplinger Au, noch vor dem Ickinger Wehr auf dem Hinweg, gibt es viele schöne Kiesbänke an der Isar, die zum Sonnenbaden an warmen Sommertagen einladen. Dazu wenden Sie sich auf diesem Wegabschnitt über kleine Pfade an die Isar. Beachten Sie aber eine möglicherweise starke Strömung nach Niederschlägen in den Vortagen.

Auf der Stammstrecke zum Hirschgarten

28 Vom Bahnhof in den Biergarten

Wanderung durch Parklandschaft im Münchner Westen

Der 1970 angelegte Stadtpark dient den Bewohnern der westlichen Münchner Stadtteile zur Naherholung. Am Rande der Parkanlage des Hirschgartens befinden sich der gleichnamige Biergarten und Gasthof mit Wildgehege.

Vom Bahnhof Hirschgarten gehen wir hinauf zur Friedenheimer Brücke. Da Sie hier von unterschiedlichen Seiten am Bahnsteig heraufkommen können, beschreiben wir den Richtungsweg. So folgen Sie der Friedenheimer Brücke in nördlicher Richtung und in der Folge der Wilhelm-Hale-Straße. Dann geht es links in die Schloßschmidstraße. Hier folgen wir dem Wegweiser »Hirschgarten« neben der Straße in westlicher Richtung, bis diese eine Linkskurve nimmt, und wenden uns rechts dem in den Hirschgarten abzweigenden Weg zu.

An der nächsten Weggabelung folgen wir linker Hand dem Weg in westlicher Richtung und stoßen so auf den Biergarten, der gleichfalls den Namen »Hirschgarten« trägt. Nach einer ausgiebigen Einkehr nehmen wir in östlicher Richtung den geteerten Weg, der am Rande des Hirschgartens entlangführt. Auf Höhe des Gartenbaureferates (Königbauerstraße 15) gehen wir rechts am Spielplatz vorbei. Dann passieren wir den eingemauerten Rand des Parkes und gelangen so zu einem Ententeich. Weiter gehen wir nicht zum Steubenplatz, sondern scharf rechts durch den Park und gelangen so wieder zur Abzweigung, die links aus dem Hirschgarten zurück zur Schloßschmidstraße führt. Die restliche Wegstrecke entspricht somit der des Hinweges.

- **Abfahrt:** Mit allen Zügen außer der S7 ab M-Hbf tief alle 2 Min.
- **Fahrzeit:** 5 Min. (einfach)
- **Fahrpreis:** 1 Zone/2 Streifen (einfach); Tageskarte Innenraum
- **Route:** S-Bahnhof Hirschgarten – Hirschgarten und zurück
- **Weglänge:** 2,5 km
- **Gehzeit:** ¾ Std.
- **Anspruch:** Wanderung durch Parkanlagen sowie innerstädtisch zum Bahnhof
- **Einkehr:** München-Nymphenburg: Hirschgarten (B)

Vom Bahnhof in den Biergarten

Wer mit dem MVV anreist, darf sich gerne eine Maß Bier gönnen.

Zum Glück sind im Hirschgarten immer ein paar Bierbänke frei.

Vom Bahnhof in den Biergarten

Die Parkanlage Hirschgarten

Ursprünglich wurde 1720 hier eine Fasanerie angelegt. Es folgte eine Seidenraupenzucht mit Mehlbeerbäumen und danach, um 1780, ein Jagdrevier für den Adel. Später wurde der Park durch Kurfürst Karl Theodor den Münchner Bürgern öffentlich gemacht, mit einem kleinen Jägerhaus als erstes Gasthaus. 1840 wurde der Hirschgarten wegen des Baus der Bahnlinie München–Augsburg verkleinert, 1958 der nordöstliche Teil in ein Erholungsgebiet umgewandelt. 1970 schließlich wurde er der Öffentlichkeit zugänglich gemacht und nach Süden hin erweitert, wo sich nun eine Neubausiedlung in Höhe der Schloßschmidstraße vor der Bahnlinie anschließt.

Der Biergarten Hirschgarten

Wer sagt, er gehe in den Hirschgarten, meint eigentlich den Biergarten und nicht den Park. Denn schließlich ist der Spaziergang durch den Park dorthin ja zumeist mit einer ausgiebigen Einkehr, zumindest aber mit einer zünftigen Maß Bier verbunden. Natürlich kann man hier seine Brotzeit auch mitbringen, so wie es für einen Biergarten Sitte ist. Das Gasthaus selbst verwöhnt mit kulinarischen Highlights wie dem Brunch an Sonn- und Feiertagen. Musikalisch wird hier zum Frühschoppen geladen. Besonders Familien können sich über die umliegenden Spielplätze freuen, auf denen sich die Kinder tummeln dürfen. Auch das an den Biergarten angrenzende Gehege mit Dammwild und Mufflons dürfte bei Ihren Kindern Interesse wecken. Allerdings sollte das Wild nicht mit Essensabfällen gefüttert werden (Informationen unter www.hirschgarten.de).

Mit der S7 nach Höllriegelskreuth

29 Im Isartal nach Großhesselohe
Biergartenkult in der Waldwirtschaft

Schon von Weitem hört man die Musik – die Rede ist von der Waldwirtschaft (»Wawi«) in Großhesselohe. Jazz und Blues, aber auch Minigolf und Schiffschaukel laden Groß und Klein zu einer Rast am Hochufer ein.

Vom S-Bahnhof in Höllriegelskreuth gehen wir an seiner Ostseite über die Zugspitzstraße linker Hand zur Dr.-Carl-von-Linde-Straße der St2572, der wir rechter Hand zum Isarhochufer folgen. Hier gehen wir linker Hand in den Josef-Breher-Weg in nördlicher Richtung auf dem Isarhochufer nach Pullach und folgen am Ende des Weges der Habenschadenstraße weiter nach Norden in die Ortsmitte von Pullach. Nach dem Rabenwirt geht es rechts in die Heilmannstraße. Hier zweigt wenig später der Burgweg ab, dem wir erneut rechts folgen, um das Gelände der Jugendherberge der Burg Schwaneck herum.

- **Abfahrt:** Ab M-Hbf tief alle 20 Min.
- **Fahrzeit:** Hinfahrt 21 Min.; Rückfahrt ab Großhesselohe-Isartalbahnhof 18 Min.
- **Fahrpreis:** 1 Zone/2 Streifen (einfach); Tageskarte Innenraum
- **Route:** Höllriegelskreuth – Pullach – Großhesselohe
- **Weglänge:** 6 km
- **Gehzeit:** 1 ½ Std.
- **Anspruch:** Wanderung am Isarhochufer
- **Einkehr:** Pullach: Rabenwirt; Großhesselohe: Waldwirtschaft (B)

An einer »Wegspinne«, hier zweigen drei Wege ab, folgen wir dem mittleren Weg zurück an das Isarhochufer. So gelangen wir zur Großhesseloher Waldwirtschaft aus Richtung Süden. Nach einer zünftigen Einkehr im Biergarten verlassen wir diesen nordwärts, ignorieren den Abzweig hinunter zu Isar und wandern weiter an der Hangkante des Isarhochufers direkt am Waldrand. Noch vor den Tennisplätzen wenden wir uns vom Isarhochufer ab und gehen an einer Weggabelung links über eine Wiese. Dabei kreuzen wir die Pullacher Straße und folgen der Sollner Straße weiter geradeaus bzw. westwärts. Vor der Bahnunterführung biegen wir links ab zum Isartalbahnhof Großhesselohe und fahren mit der S-Bahn wieder zurück.

In der »WaWi«, wie die Waldwirtschaft bei Einheimischen genannt wird, spielt jeden Sonntag eine Jazzband.

Die Großhesseloher Waldwirtschaft

Wo kann man schöner bei einer Maß Bier sitzen als in diesem Biergarten? Direkt am Hochufer der Isar, hört man die Floße mit Musik tief unten auf dem Fluss vorbeifahren. Kulinarisch werden Sie ebenfalls bestens versorgt: Hendl, Schweinshaxen, die ganze Palette der bayerischen Küche wird hier aufgefahren. Für alle Schleckermäuler gibt es einen Stand mit frischen »Auszognen«, die noch ganz warm gereicht werden. Und Parkplatzsorgen haben Sie hier auch keine, schließlich sind wir ja mit der S-Bahn unterwegs.

Tipp
Natürlich kann man diese Tour auch anders herum gehen. Das gilt vor allem für alle Sonnenanbeter, die der Sonne entgegengehen möchten.

Mit der S7 nach Höllriegelskreuth

30 Am Isarhochufer nach München

Musik von den Floßen begleitet uns

Aus der Tradition der Flößerei sind die Floßfahrten im Sommer übrig geblieben. Dann begleitet uns am Hochufer der Isar das fröhliche Treiben mit Musik von Grünwald bis nach Harlaching.

Vom S-Bahnhof in Höllriegelskreuth gehen wir an seiner Ostseite über die Zugspitzstraße linker Hand zur Dr.-Carl-von-Linde-Straße der St2572, der wir rechts zum Isarhochufer folgen. Hier gehen wir linker Hand in den Josef-Breher-Weg und gleich darauf rechts hinunter in das Isartal zum Brückenwirt. Die Isarbrücke überqueren wir und folgen der Straße auf der anderen Hangseite bergauf, bis linker Hand die Stufen über den Flößersteig hinauf zum Schloßwirt an der Burg Grünwald führen. Hier folgen wir der Zeilerstraße links. An deren Ende geht es in den Hochuferweg, dem wir an der Hangkante des Isartales nach Norden entlangwandern.

- **Abfahrt:** Ab M-Hbf tief alle 20 Min.
- **Fahrzeit:** Hinfahrt 21 Min.; Rückfahrt Tram 15, 25 ab Theodolindenplatz
- **Fahrpreis:** 1 Zone/2 Streifen (einfach); Tageskarte Innenraum
- **Route:** Höllriegelskreuth – Grünwald – München-Harlaching
- **Weglänge:** 10 km
- **Gehzeit:** 2 ¼ Std.
- **Anspruch:** Wanderung am Isarhochufer
- **Einkehr:** Grünwald: Schlosswirt; München-Harlaching: Menterschwaige (B), Antica Trattoria (B)

In Nähe der Dr.-Max-Straße ignorieren wir die erste Abzweigung nach links in den Grund des Isartales, folgen aber der zweiten Abzweigung nach links weiter an der Hangkante des Isarhochufers nach Norden. Am vorläufigen Ende des Hochuferweges wandern wir linker Hand der Nördlichen Münchner Straße der St2072. In Höhe Bavaria-Film-Platz zweigt erneut links der Hochuferweg nach Norden ab. (Bitte achten Sie hier auf die getrennten Wegführungen für Radfahrer und Fußgänger.) Dann überqueren wir die Bahnlinie an der Großhesseloher Brücke und folgen dem Hochuferweg, der hier unter dem Namen »Hochleite« geführt wird, weiter nach Norden, vorbei an den Biergärten der Menterschwaige sowie der Antica Trattoria. Am Ende

Dürnbach + Hachelb.
fließen i. d. Schliersee
u. komen als Schlierach
wieder raus!
Die Schlierach mündet
nach Gstring in die Mangfall

Die Weißbach fließt bei
Abwinkl in d. Tegernsee –
bei Gmund vereinen sich
    Festenbach
    Moosbach
    Schwärzenbach
    zur Mangfall,
diese mündet in Rosenheim
in den Inn!! und der Inn in
Passau in die Donau!

Immer wieder begegnen uns Floße auf dem Isarkanal.

des Hochuferweges wenden wir uns nach rechts der Isenschmidtstraße zu und folgen ihr bis zur Tram-Haltestelle Theodolindenplatz in München-Harlaching.

Biergartenkultur am Isarhochufer

Im Biergarten der Menterschwaige können Sie auch Ihre mitgebrachte Brotzeit zu einer zünftigen Maß Bier verzehren. Für Familien ist hier Kurzweil angesagt, denn die Kinder können am Spielplatz des Biergartens ausgiebig toben.

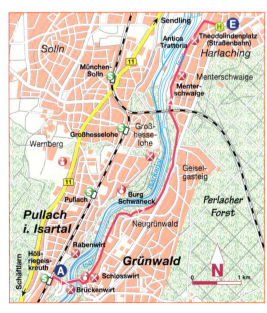

Tipp

Besonders lohnend sind an warmen Tagen die Abstecher zur Isar. Im renaturierten Teil zwischen der Großhesseloher Brücke und der Marienklause finden sich einige Wege, die hinunter zu den beschaulichen Kiesbänken an der Isar führen und die in nur wenigen Minuten vom Hauptweg an der Hochleite aus zu erreichen sind.

Vom Isartor nach Pullach

31 Vor die Tore Münchens

An der Isar der Sonne entgegen

Aus Münchens Innenstadt können wir immer entlang der Isar zum beschaulichen Vorort Pullach wandern. Welch ein Kontrast! Ab der Marienklausenbrücke geht der Weg meist auf dem Mittelstreifen, der Kanal und Isarfluss abtrennt, entlang.

Vom S-Bahnhof Isartor folgen wir dem Ausgang »Deutsches Museum« durch die Einkaufspassage in die Zweibrückenstraße, gehen linker Hand weiter, überqueren die Kreuzung Steinsdorf-/Erhardstraße, wandern über die Ludwigsbrücke mit dem Isarkanal und folgen gleich darauf rechter Hand der Straße »Museumsinsel«. An deren Ende geht es links durch den Innenhof des Deutschen Museums und über die Zenneckbrücke, die uns über den Isarfluss führt. Nun nehmen wir die Zeppelinstraße rechts – in der Verlängerung ist das die Eduard-Schmid-Straße – und bleiben so am Isarufer. Hier unterqueren wir die Corneliusbrücke und wenig später die Reichenbachbrücke. In der Folge können wir nun direkt an der Isar oder durch die Grünanlagen in Isarnähe weiter nach Süden wandern.

- **Abfahrt:** Alle S-Bahnen Richtung Ostbahnhof ab M-Hbf tief alle 2 Min.
- **Fahrzeit:** Hinfahrt 5 Min.; Rückfahrt S7 ab Pullach 20 Min.
- **Fahrpreis:** 1 Zone/2 Streifen (einfach); Tageskarte Innenraum
- **Route:** München-Innenstadt – München-Au – München-Harlaching – Großhesseloher Brücke – Pullach
- **Weglänge:** 13 km
- **Gehzeit:** 3 Std.
- **Anspruch:** Wanderung auf der gesamten Länge in unmittelbarer Nähe der Isar
- **Einkehr:** München-Harlaching: Menterschwaige (B), Abstecher über das Hochufer ab Marienklause; Pullach: Rabenwirt (B), Bistrocafe Treibhaus

Das Deutsche Museum

Vor die Tore Münchens

Am Isartor startet unsere Wanderung.

Dabei unterqueren wir die Wittelsbacher Brücke, die Braunauer Eisenbahnbrücke, den Mittleren Ring in Höhe der Brudermühlbrücke und wandern so vorbei am Flaucher. Weiter südlich unterqueren wir die Holzbrücke der Thalkirchener Brücke am Tierpark Hellabrunn und gelangen so zur Marienklausenbrücke. Diese queren wir rechts über die Isar. Dann geht es linker Hand auf dem Mittelstreifen zwischen Isarfluss und Kanal weiter nach Süden zur Großhesseloher Brücke. Hier gibt es besonders schöne Wegabschnitte direkt an der Isar. Auf Höhe der Großhesseloher Brücke führt der Weg rechter Hand

Tipp
Wer hoch über der Isar im Urwald seinen Kaffee trinken möchte, der sollte das besondere Ambiente im Treibhaus genießen. Gleich hinter dem Rabenwirt am Beginn der Heilmannstraße können wir diese ungewöhnliche Einkehrmöglichkeit genießen.

Vom Isartor nach Pullach

auf einer Brücke über den Isar-Kanal. Dann folgen wir dem geteerten Weg »An der Isar« links bis hinter die Schleuse. Es zweigt eine Brücke linker Hand über den Isar-Kanal ab, der wir folgen. Nun geht es erneut auf dem Mittelstreifen weiter in südlicher Richtung zwischen dem Isar-Kanal und dem Fluss in einer S-Schleife bis zum Pullacher Wehr. Hier überqueren wir wieder den Isar-Kanal. Anschließend folgen wir nur kurz dem geteerten Fahrweg links am Ufer des Isar-Kanales. Schließlich zweigt rechter Hand steil bergauf der Stufenweg ab, der zur Habenschadenstraße in Pullach führt. Weiter geht es über den Kirchplatz, vorbei am Rabenwirt in die Münchner Straße. An der nächsten Straßengabelung biegen wir links in die Bahnhofstraße zum S-Bahnhof in Pullach. Gleich der erste Bahnsteig rechter Hand ist für die Züge nach München bestimmt.

Vor die Tore Münchens

Die Isar

Die Isar hat ihren Namen von den Kelten: »Isara« bedeutete bei ihnen »schneller, reißender Gebirgsfluss«. Die Isar entspringt im Karwendelgebirge in Tirol und kommt südlich von Mittenwald auf bayerischen Boden. Bei Bad Tölz erreicht sie die Voralpenhochebene. Bei Grünwald hat die Isar erst die Hälfte ihres Weges geschafft. 283 Kilometer legt sie bis zur Mündung in die Donau bei Deggendorf zurück.

Pullach

Am Ortsnamen Pullach lässt sich erkennen, was früher das Landschaftsbild prägte: Buchenwald. Das Wort Pullach entstand aus »poch-loh« – »poch« für Buche und »lohe« für Wald.

Im Sommer ist der Flaucher von Badenden bevölkert, im Winter hat die Isar ihre Ruhe.

Mit der S3 nach Deisenhofen

32 Wörnbrunn und Grünwald

Ausflug mit Abstecher zu einer mittelalterlichen Burg

Nach einer beschaulichen Waldwanderung nach Wörnbrunn lohnt Burg Grünwald einen Abstecher – mit interessanten Einblicken in die Zeit des Mittelalters und imposanten Ausblicken vom Isartal bis zu den Alpen.

Vom westlichen Bahnhofsausgang gehen wir auf der Sauerlacher Straße nach rechts, neben der Bahnlinie auf einem Rad- und Fußweg über die Bahnunterführung über die Gartenstraße und gelangen so an die Laufzornerstraße, die links abzweigt. Nun wandern wir auf der Linienstraße neben den Gleisen nach Norden. Vor der Kugleralm schwenken wir nach links und folgen dann dem nächsten Forstweg rechter Hand in den Wald. Die nächste Wegkreuzung bleiben wir geradeaus. Kurz darauf, wieder an der nächsten Wegkreuzung, geht es links weiter; wir folgen dem Forstweg »Taufkirchner Weg« durch den Wald zur Lichtung des Forsthauses Wörnbrunn. Anschließend wandern wir in westlicher Richtung weiter, erneut durch ein Waldstück, auf der Wörnbrunner Straße zuletzt durch Einzelhaussiedlungen nach Grünwald. Am Ende der Wörnbrunner Straße führt uns ein Fußsteig zur Südlichen Münchener Straße hinunter, die wir überqueren. Nach wenigen Schritten durch die Schloßstraße erreichen wir die Endhaltestelle der Straßenbahnlinie 25.

- ■ **Abfahrt:** S3 ab M-Hbf tief alle 20 Min. (ab 12/2013 auch Regionalzüge über Harras)
- ■ **Fahrzeit:** Hinfahrt 28 Min.; Rückfahrt Tram 25 ab Grünwald bis Wettersteinplatz, weiter mit U1 Richtung OEZ bis HBF 40 Min.
- ■ **Fahrpreis:** Hinfahrt 2 Zonen/4 Streifen; Rückfahrt 1 Zone/2 Streifen; Tageskarte München XXL
- ■ **Route:** Deisenhofen – Kugleralm – Forsthaus Wörnbrunn – Grünwald
- ■ **Weglänge:** 7 km
- ■ **Gehzeit:** 1 ¾ Std.
- ■ **Anspruch:** Wanderung ohne Steigungen durch ruhige Siedlungen und auf befestigten Waldwegen
- ■ **Einkehr:** Deisenhofen: Kugleralm (B), Forsthaus Wörnbrunn (B); Grünwald: Alter Wirt

Die Burg Grünwald

Die Burg Grünwald (kurzer Abstecher) ist die einzige im Wesentlichen erhaltene und zugängliche mittelalterliche Burg im Münchner

Das Forsthaus Wörnbrunn liegt auf einer Lichtung mitten im Grünwalder Forst.

Umland. Über dem östlichen Steilufer der Isar hatte Ludwig der Strenge 1293 eine Burganlage errichtet. 1486/87 erhielt sie durch Aus- und Umbau ihre heutige Gestalt. 1602 bis 1857 diente sie als Gefängnis und Pulvermagazin. 1879 erwarb sie die Bildhauerfamilie Zeiller. Seit rund 100 Jahren ist sie in Staatsbesitz und heute ein Zweigmuseum der Prähistorischen Sammlung mit Exponaten zur Vor- und Frühgeschichte der Grünwalder und Münchner Region. Wer den Burgturm besteigt, hat eine wunderbare Aussicht. Hier schweift der Blick nach Süden zur Alpenkette und nach Norden über das Isartal bis zu den Stadttürmen Münchens. Die sehenswerte Burg ist von der Endhaltestelle der Tram 25 über die Schloßstraße zu erreichen.

Tipp
Wer noch weiter laufen möchte, kann von der Burg Grünwald aus über die Zeilerstraße am Isarhochufer – mit schönen Aussichtspunkten hinüber auf das andere Isarufer nach Pullach – nach Norden laufen und an den Haltestellen Robert-Koch-Straße, Schilcherweg oder Großhesseloher Brücke wieder der Tramlinie 25 zusteigen.

Mit der S3 nach Furth

33 Waldwanderung nach Taufkirchen

Durch die grüne Lunge am Rande der Stadt

Der Perlacher Forst ist die grüne Lunge im südlichen Landkreis von München. Viele Forstwege durchqueren ihn. Sie verbinden die S-Bahn-Stationen Furth mit der Trabantenstadt Taufkirchen – der Kontrast könnte nicht größer sein.

Von der Westseite des S-Bahnhofs in Furth gehen wir in nördlicher Richtung zum Wald. An der nächsten Weggabelung folgen wir dem Schild »Grünwald« linker Hand auf einem breiten Schotterweg am Waldrand entlang in westlicher Richtung. Ebenso können Sie den wohl schöneren, parallel verlaufen-

■ **Abfahrt:** Ab M-Hbf tief alle 20 Min.
■ **Fahrzeit:** Hinfahrt 25 Min.; Rückfahrt ab Taufkirchen 22 Min.
■ **Fahrpreis:** Hinfahrt 2 Zonen/4 Streifen; Rückfahrt 1 Zone/2 Streifen; München XXL
■ **Route:** Furth – Perlacher Forst – Taufkirchen
■ **Weglänge:** 5 km
■ **Gehzeit:** 1 ½ Std.
■ **Anspruch:** Wanderung auf Forstwegen im Wald sowie innerhalb des Ortes
■ **Einkehr:** Deisenhofen: Kugleralm (B, Abstecher)

Immer wieder gibt es in den Wäldern etwas zu entdecken

Waldwanderung nach Taufkirchen

den Weg im Wald unweit des Waldrandes nehmen. Beide führen zu einer Wegkreuzung. Hier folgen wir der geteerten Nebenstraße »Am Loh« rechter Hand weiter am Waldrand entlang. Dann führt der Weg rechts, vorbei an einigen Anwesen, in den Wald. Auf einer Forststraße geht es nordwärts in den Perlacher Forst und an der nächsten Weggabelung rechts in den Forstweg »Am Einfang«, dem wir nun geradeaus folgen. Dabei führt der Weg auch an einem Fitnessparcour vorbei. Abzweigungen linker und rechter Hand ignorieren wir. Erst der Weggabelung, an der wir an dem rechts abzweigenden Weg die Unterführung unter die A99 deutlich sehen, gehen wir nach. Wir passieren dabei den Ortseingang von Taufkirchen und folgen der Waldstraße in östlicher Richtung über den

> **Tipp**
> All jenen, die der Sonne entgegenlaufen möchten, empfehlen wir, die Tour in umgekehrter Richtung zu gehen. Dann geht es vom S-Bahnhof in Taufkirchen durch den Perlacher Forst zum S-Bahnhof in Furth.

ersten Kreisverkehr geradeaus. Am zweiten Kreisverkehr nehmen wir den Lindenring rechter Hand. Dann geht es über die Eschenstraße oder die parallel dazu verlaufende Fußgängerzone mit dem Schild »S-Bahnhof« linker Hand zum S-Bahnhof Taufkirchen. Dabei unterqueren wir die Bahnlinie und gehen gleich nach der Unterführung linker Hand zum Bahnsteig für die Züge in Fahrtrichtung München.

Die Kugleralm

Wer einen Abstecher zur Kugleralm machen möchte, wandert an der Wegkreuzung »Am Loh, Further Weg« geradeaus nach Westen in den Further Weg und etwa 15 Minuten bis zur Kugleralm, den gleichnamigen Wegweisern folgend. Nach einer erfrischenden Maß Bier und einer zünftigen Brotzeit geht es auf dem gleichen Weg wieder zurück zur Wegkreuzung. So erreichen wir die beschriebene Wanderroute durch den Wald nach Taufkirchen. Dadurch verlängert sich die reine Gehzeit um etwa eine halbe Stunde.

Waldwanderung nach Taufkirchen

Der Perlacher Forst

Er zählt zu den wichtigsten Naherholungsgebieten bei München, da er in direkter Stadtrandlage zu den Stadtteilen Harlaching und Obergiesing liegt. An den Perlacher Forst schließt nach Südwesten der Grünwalder Forst an. Die Stürme Vivian und Wiebke verursachten in den Altfichtenbeständen massiven Windbruch. Dadurch entstand aber gleichzeitig die Möglichkeit zur Aufforstung mit Laubhölzern. Zu den häufiger auftretenden Baumarten zählen hierbei Hainbuche, Ahorn, Pappel, Espe sowie verschiedene Erlen- und Birkenarten. Dieser Waldumbau ist bei Weitem noch nicht abgeschlossen. Doch kann man schon heute von einem Wald sprechen, der den nächsten Winterstürmen besser gewachsen sein wird.

Die Wege wurden zur leichteren Bewirtschaftung des Waldes geradlinig angelegt.

Mit der S3 nach Deisenhofen

34 Durch das Gleißental

Am Deininger Weiher ist immer Ausflugssaison

Ein kleiner Moorsee inmitten des Waldes lädt mit schönen Badeplätzen zur Rast. Die Wanderung dorthin führt durch das reizvolle Gleißental, einen etwa acht Kilometer langen und 25 Meter tiefen Geländeeinschnitt.

Von der Westseite des Bahnhofs gehen wir linker Hand mit dem Wegweiser »Gleißental, Deininger Weiher«, die wir in der Folge nicht mehr erwähnen. Dabei überqueren wir die Jägerstraße und bleiben weiter an der Bahnlinie. Dann geht es rechts in die Stefanienstraße. Im Talgrund angelangt, nun auf einem Forstweg, wandern wir an der nächsten Weggabelung geradeaus und biegen dann wieder rechts ab. Kleinere Abzweige des Weges ignorieren wir in der Folge und bleiben immer im Talgrund. An einer Fahrstraße angelangt, folgen wir dieser linker Hand ein kurzes Stück, dann geht es gleich wieder rechts mit dem Wegweiser »Deininger Weiher« weiter durch den Wald. An der nächsten Weggabelung wandern wir wieder rechts weiter, hier ohne Beschilderung, an der darauffolgenden dann links, nun erneut mit dem Schild »Deininger Weiher«. Am Ende des Weges überqueren wir die Straße und gehen am Parkplatz vorbei zur Gaststätte Waldhaus – wir sind am Deininger Weiher angelangt. Der Rückweg nach Deisenhofen entspricht exakt dem Hinweg durch das schöne Gleißental.

- **Abfahrt:** S3 ab M-Hbf tief alle 20 Min. (ab 12/2013 auch Regionalzüge über Harras)
- **Fahrzeit:** 28 Min. (einfach)
- **Fahrpreis:** 2 Zonen/4 Streifen (einfach); Tageskarte München XXL
- **Route:** Deisenhofen – Gleißental – Deininger Weiher und zurück
- **Weglänge:** 16 km
- **Gehzeit:** 3 ½ Std.
- **Anspruch:** Sehr reizvolle Wandertour, überwiegend durch Wald, teils auf wurzeldurchzogenen Pfaden in der Senke des Gleißentales
- **Einkehr:** Waldhaus Deininger Weiher (B)

Der Deininger-Weiher-Rundweg

Wer noch den Rundweg (kleine Runde) zum Deininger Weiher nehmen möchte, wandert am Waldhaus Deininger Weiher auf der rechten Uferseite nach Süden. Hier geht es an der nächsten Weggabelung linker Hand durch das Moor, um auf der anderen Seite des Deininger Weihers

Durch das Gleißental

links zurück zum Waldhaus zu gehen. Wer die große Runde gehen möchte, läuft gleichfalls am Waldhaus Deininger Weiher auf der rechten Uferseite nach Süden. Dann geht es an der zweiten Weggabelung links, um anschließend erneut linker Hand zum Waldhaus zurückzugehen. Für die kleine Runde ist etwa eine halbe Stunde zur veranschlagen, für die große etwa die doppelte Gehzeit.

Wenn der Deininger Weiher komplett zu gefroren ist, kann man prima darauf Schlittschuhlaufen.

Der Deininger Weiher

Der Deininger Weiher ist ein kleiner, rundum von Wald umgebener Moorsee mit Strandbad, Restaurant und Uferterrasse an seiner Nordseite, schmalen Wiesenstreifen zum Sonnen am West- und Ostufer und schilfreichen Verlandungszonen an der Südflanke. Gleich nach dem Waldhaus hält die rechte Uferseite schöne Badeplätze bereit.

Mit der S3 nach Holzkirchen

35 Zum Hackensee
Idyllischer See als Filmkulisse

Der idyllische Hackensee bei Kleinhartpenning war Filmkulisse für den Film »Wer früher stirbt, ist länger tot«. Der Moorsee besticht durch seine Wanderwege um den See und ist nur maximal dreieinhalb Meter tief.

Vom Bahnhof in Holzkirchen gehen wir an seiner Westseite auf der Münchener Straße zum Marktplatz mit der Pfarrkirche St. Laurentius. Dort folgen wir der Tölzer Straße in Richtung Bad Tölz. Dann biegen wir wieder rechts in die Holzstraße. Linker Hand folgen wir der Baumgartenstraße, gehen über freies Feld, zweigen dann vor der nächsten Wohnsiedlung rechter Hand ab und gehen geradeaus über Felder in den Wald in südwestlicher Richtung. Wegabzweigungen linker und rechter Hand ignorieren wir dabei. An der St2073 angelangt, überqueren wir diese und folgen dem Waldrand. Später geht es in einer scharfen Rechskurve weiter. Bevor wir in den Wald gehen, ignorieren wir den Abzweig rechter Hand und gehen geradeaus. Am Ende des Weges laufen wir rechter Hand auf der Fahrstraße zum Weiler Buch. Hier folgen wir der geteerten Straße in einer Linkskurve nach Kleinhartpenning. Am südlichen Ortsende nehmen wir dann rechter Hand die Hackenseestraße zum Hackensee. Dort angelangt, können wir den See in beliebiger Richtung umrunden, bevor wir uns auf den Hinweg zurück zum Bahnhof nach Holzkirchen machen.

- **Abfahrt:** S3 ab M-Hbf tief alle 20/40 Min., BOB ab M-Hbf 30/60 Min.
- **Fahrzeit:** Hinfahrt S3 42 Min., BOB 25 Min.; Rückfahrt S3 41 Min., BOB 26 Min.
- **Fahrpreis:** 3 Zonen/6 Streifen (einfach); Tageskarte Gesamtnetz
- **Route:** Holzkirchen – Buch – Kleinhartpenning – Hackensee und zurück
- **Weglänge:** 15 km
- **Gehzeit:** 3 ¼ Std.
- **Anspruch:** Wanderung durch Waldabschnitte und über Felder nach Kleinhartpenning
- **Einkehr:** Holzkirchen: Alte Post, Oberbräu; Hohendilching: Gasthaus Vordermaier (Brotzeiten), Kleinhartpenning: Schreinerwirt

Der Hackensee

Da er als Badesee wegen seines moorigen Wassers nicht sehr geeignet ist, darf man den Ha-

Der Hackensee ist ein wildromantischer und versteckt gelegener Waldsee.

ckensee als einen der eher unbekannten Seen in Oberbayern bezeichnen. Er ist für den Autoverkehr gesperrt, wird aber umso mehr von Wanderern seiner Spazierwege um den See wegen geschätzt. Der kleine See bei Kleinhartpenning wird aus dem Kirchseebach gespeist, sein Ablauf verschwindet im nahe gelegenen Teufelsgraben.

Holzkirchen

In der Gegend um Holzkirchen wurden Kupferringbarren aus der frühen Bronzezeit als Nachweis einer Besiedelung gefunden. Früher Knotenpunkt durch zwei Römerstraßen, ist Holzkirchen heute ein wichtiger Haltepunkt mehrerer Bahnlinien in Nähe der A8 nach Salzburg.

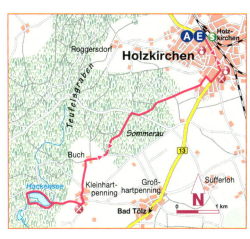

Mit der S7 nach Aying

36 Zum Kastenseeoner See
Idyllischer Badesee bei Glonn

Mit dem von den Münchnern gemeinhin als Kastensee bezeichneten See ist, korrekt geschrieben, der Kastenseeoner See gemeint – ein idyllischer Badeplatz vor den Toren Münchens, den man nach einer schönen Waldwanderung erreicht.

Von der Ostseite des Bahnhofes in Aying geht es über die Bahnhofstraße hinauf in den Ort, dann ein kurzes Stück linker Hand in den Johann-Mang-Weg. Wenig später wenden wir uns auf der Münchener Straße nach rechts und folgen der Zornedinger Straße zum nördlichen Ortsrand. Danach biegen wir rechts ab in den Lindacher Weg und verlassen Aying in östlicher Richtung über Felder. So gelangen wir in den Wald weiter in östlicher Richtung. Wegabzweigungen ignorieren wir dabei. Später treten wir aus dem Wald und gehen an dessen Rand über Felder zum Weiler Lindach. Hier überqueren wir die Fahrstraße, wandern weiter in östlicher Richtung über Felder und an der nächsten Weggabelung wieder links in den Wald hinein. An der folgenden Weggabelung nehmen wir den rechten Weg der in einer Linkskurve durch den Wald nach Norden führt, bei allen darauffolgenden gehen wir geradeaus. Am Kastenseeoner See spazieren wir auf der Fahrstraße linker Hand ein kurzes Stück Richtung Egmating zum Freizeitgelände des

- **Abfahrt:** Ab M-Hbf tief alle 20/40 Min.
- **Fahrzeit:** 40 Min. (einfach)
- **Fahrpreis:** 2 Zonen/4 Streifen (einfach); Tageskarte München XXL
- **Route:** Aying – Lindach – Kastenseeoner See und zurück
- **Weglänge:** 15 km
- **Gehzeit:** 3 ½ Std.
- **Anspruch:** Wanderung zumeist durch Waldstücke, aber auch über Feldwege
- **Einkehr:** Strandcafe Kastenseeoner See, Aying: Brauereigasthof (B), Liebhardt's Bräustüberl (B)

Zum Kastenseeoner See

Besonders im Herbst ist die Wanderung durch den Egmatinger Forst ein Augenschmaus.

Kastenseeoner Sees. Der Rückweg zum Bahnhof nach Aying entspricht hier dem Hinweg.

Der Kastenseeoner See

Einzigartig ist das Moor am Westufer des Sees, das nicht betreten werden darf. Ein Rundweg führt in einem gewissen Abstand um den See herum. Badegäste erreichen den See über das Ostufer, wo dann Eintritt zu entrichten ist. Dafür wird man mit einer schönen Liegewiese und Bäumen, die heißen Tagen Schatten spenden, belohnt. Das Strandcafe wartet mit einer Sonnenterrasse direkt am See auf.

Mit der S7 nach Aying

37 Nach Großhelfendorf
Aussichtsreiche Wanderung auf Moränenhügeln

An klaren Tagen kann man von den Moränenhügeln zwischen Aying und Großhelfendorf weit nach Südwesten sehen: über das Karwendelgebirge, vorbei am Wettersteingebirge mit der Zugspitze bis hinüber zu den Allgäuer Alpen.

Von der Ostseite des Bahnhofes gehen wir auf der Bahnhofstraße zum Dorf hinauf. An deren Ende, an der Kreuzung, geht es rechts in die Peißer Straße. Dann geht es linker Hand in die Kaltenbrunner Straße aus dem Ort heraus. In weitem Rechtsbogen erreichen wir den Wald. Hier gehen wir an einer Weggabelung weiter auf der Kaltenbrunner Straße geradeaus. An der nächsten Kreuzung, hier wird der Graßer Weg gekreuzt, wandern wir gleichfalls auf dem Forstweg geradeaus weiter, ohne weitere Wegabzweigungen zu beachten. Nach etwa einem Kilometer verlassen wir den Wald und wandern durch Wiesen und Felder südostwärts bis zu einer Straße. Hier gehen wir ein Stück nach rechts und biegen dann links auf den abzweigenden Feldweg (Graßer Straße) nach Großhelfendorf ein.

An der Hauptstraße laufen wir linker Hand nur wenige Meter, dann geht es rechts in die Dorfstraße und weiter in die Obere Bahnhofstraße. An der nächsten Straßengabelung biegen wir

- **Abfahrt:** Ab M-Hbf tief alle 20/40 Min.
- **Fahrzeit:** Hinfahrt 40 Min.; Rückfahrt ab Großhelfendorf 46 Min.
- **Fahrpreis:** Hinfahrt 2 Zonen/4 Streifen; Rückfahrt 3 Zonen/6 Streifen; Tageskarte Gesamtnetz
- **Route:** Aying – Großhelfendorf
- **Weglänge:** 6 km
- **Gehzeit:** 1 ¾ Std.
- **Anspruch:** Leichte Wanderung durch schöne Hügellandschaft über Wald und Felder
- **Einkehr:** Aying: Brauereigasthof (B), Liebhardt's Bräustüberl (B); Großhelfendorf: Gasthaus Fellner zur Post

Tipp
An klaren Tagen sollte man sich schon Zeit nehmen, um die Gipfel der Alpenkette, die wie Perlen aneinander aufgefädelt sind, zu genießen. An besonders klaren Föhntagen geht der Blick manchmal noch weiter als bis zu den eingangs beschriebenen Allgäuer Alpen. Dann kann man bis zu den Bergketten am Bodensee sehen.

Nach Großhelfendorf

Natürlich lässt sich die Wanderung auch entgegengesetzt unternehmen, so dass wir noch in den Genuss des berühmten Ayinger Biergartens kommen.

rechts in die Untere Bahnhofstraße, die uns zurück zum Bahnhof in Großhelfendorf führt.

Aying

Die Gemeinde Aying wurde 1978 im Zuge der Gemeindegebietsreform durch Zusammenlegung der Gemeinden Helfendorf und Peiß gebildet.

Das Wappen wurde unverändert von der Gemeinde Helfendorf übernommen. Im beschaulichen Ortskern gibt es einige Gaststätten mit Biergarten, die sich für eine Einkehr nach der Tour eignen. Sie sind unter »Einkehr« angegeben.

Mit der S7 nach Großhelfendorf

38 Zum BergTierPark Blindham

Eine abwechslungsreiche Runde – nicht nur für Kinder

Über Feld und Wald führt von Großhelfendorf eine Waldwanderung zum besonders bei Familien mit Kindern beliebten BergTierPark Blindham und weiter über das romantische Kleinhelfendorf zurück zum Ausgangspunkt.

Vom Bahnhof in Großhelfendorf gehen wir auf der Unteren Bahnhofstraße in östlicher Richtung. An der nächsten Weggabelung folgen wir der Oberen Bahnhofstraße bergauf. An der nächsten Straßengabelung biegen wir rechts in die Bartenstraße und folgen kurz darauf mit dem Schild »Grub« der Gruber Straße rechter Hand. Nach wenigen Metern, am Ortsende, zweigt halblinks nach Südosten ein Feldweg ab, den wir nehmen. An der nächsten Weggabelung, wieder am Ortsrand, gehen wir geradeaus und gelangen so über Felder an den Waldrand, dem wir erneut geradeaus in südlicher Richtung folgen. Mit einer Linkskurve kommen wir an einem

- ■ **Abfahrt:** Ab M-Hbf tief alle 60 Min.
- ■ **Fahrzeit:** 46 Min. (einfach)
- ■ **Fahrpreis:** 3 Zonen/6 Streifen (einfach); Tageskarte Gesamtnetz
- ■ **Route:** Großhelfendorf – BergTierPark Blindham – Kleinhelfendorf – Großhelfendorf
- ■ **Weglänge:** 9 km
- ■ **Gehzeit:** 2 Std. (ohne Besichtigungszeiten)
- ■ **Anspruch:** Wanderung auf geschotterten oder asphaltierten Feld- und Waldwegen
- ■ **Einkehr:** Kleinhelfendorf: Gaststätte Oswald (B)

Freche Ziegen warten auf die kleinen Besucher.

Zum BergTierPark Blindham

Über dem Gelände des BergTierparks thront das Haupthaus mit einem netten Café.

Geräteschuppen vorbei in den Wald. Hier nehmen wir an der Weggabelung den rechten Weg in südlicher Richtung. An der darauffolgenden geht es links ab und gleich an der nächsten geradeaus. Etwas Orientierung ist in diesem Wegabschnitt durch die fehlende Beschilderung erforderlich.

Dann nehmen wir die weite Linkskurve des Forstweges und gehen so in östlicher Richtung durch den Wald bis zur St2078, die wir mit Vorsicht überqueren. Anschließend wandern wir nach wenigen Metern auf der St2078 linker Hand und gleich wieder rechts auf dem geteerten Fahrweg zum BergTierPark Blindham. Nach der Besichtigung des Wildparks führt ein geteerter Fahrweg in nördlicher Richtung über Wiesen und Felder in den Wald (Wegweiser »Via Julia«). In Kleinhelfendorf orientieren wir uns an diesem Wegweiser linker Hand in die Hauptstraße und biegen, dem Schild entsprechend, sogleich wieder nach rechts, vorbei an der Kirche St. Emmeram und dem Gasthaus Oswald. Hier geht es sofort nach links und an der nächsten Weggabelung (Schild »Via Julia«) dann nach rechts. In Großhelfendorf angelangt, wandern wir links vorbei am Feuerwehrhaus in die

Mit der S7 nach Großhelfendorf

Glonnerstraße und anschließend linker Hand in die Buchenstraße. An deren Ende folgen wir rechts der Kirchenstraße, überqueren die St2078 und folgen dem Wegweiser »Kleinkarolinenfeld« in die Dorfstraße. Dann zweigen wir links ab in die Obere Bahnhofstraße. Die restliche Wegstrecke ab dem Abzweig Bartenstraße entspricht dem Hinweg und bringt uns zurück zum Bahnhof in Großhelfendorf.

Die Pfarrkirche St. Emmeram

Die Pfarrkirche St. Emmeram in Kleinhelfendorf gehört zu den reizvollsten kleineren Barockkirchen Bayerns, vor allem wegen ihrer ausgezeichneten Stuckdekoration eines Miesbacher Meisters am Gewölbe und den Wandpfeilern. Der Münchener Konstantin Pader baute die Kirche unter Beibehaltung der Tuffsteinmauern einer älteren romanischen, im Chor spätgotischen Kirche 1668/69.

Der BergTierPark Blindham

Wildtiere, Mufflons, Dammwild, Rotwild und Wildscheine können in diesem weitläufigen Waldareal ebenso beobachtet und bewundert werden wie seltene Nutztierrassen, zum Beispiel die Waliser Schwarzhalsziege, das Schwäbisch-Hällische Landschwein sowie das Braune Bergschaf. Ein großer Spielplatz mit Bungee-Trampolin, Seilrutsche und Riesenschaukel rundet neben zahlreichen weiteren Spielgeräten das Erlebnis für Ihre Kinder perfekt ab (Informationen unter Tel. 08063/ 20 76 38 oder www.bergtierpark.de).

Zum BergTierPark Blindham

Die Pfarrkirche St. Emmeran ist für Kunstliebhaber sehr interessant.

Mit der S7 nach Kreuzstraße

39 Nach Hohendilching
Schöne Rundwanderung an den Ufern der Mangfall

Waldplätze, Uferplätze, Geschichte und Legenden begleiten uns auf dieser Tour durchs Mangfalltal. Eindrücke einer Wallfahrt können zudem mit einem Abstecher nach Kleinhöhenkirchen gewonnen werden.

Vom Bahnhof aus gehen wir rechter Hand zur Hauptstraße und halten uns dort erneut rechts über die Bahngleise. Danach gehen wir gleich linker Hand und folgen dem Wegweiser »Rundweg Valley«. Wir unterqueren den Viadukt einer Trinkwasserleitung, setzen an der nächsten Weggabelung mit dem Wegweiser »Grub« die Tour geradeaus fort und gelangen so im weiteren Verlauf an eine geteerte Nebenstraße, der wir rechter Hand, dem Wegweiser »Kleinhöhenkirchen« entsprechend, folgen. Dann überqueren wir die Mangfall und folgen gleich darauf der Rechtskurve der Straße, die bergauf führt. Nun zweigt rechter Hand ein Weg mit dem Schild »Breitmoos« ab, dem wir folgen.

- **Abfahrt:** Ab M-Hbf tief alle 60 Min.
- **Fahrzeit:** 51 Min. (einfach)
- **Fahrpreis:** 3 Zonen/6 Streifen (einfach); Tageskarte Gesamtnetz
- **Route:** Kreuzstraße – Grubmühle – Hohendilching – Kreuzstraße
- **Weglänge:** 9 km
- **Gehzeit:** 2 ¼ Std.
- **Anspruch:** Beschauliche Wanderung mit einigen Steilstücken und reizvollen Ufer- und Waldstrecken
- **Einkehr:** Kreuzstraße: Barte-Wirt (B, kurzer Abstecher); Hohendilching: Gasthaus Vordermaier (Brotzeiten)

An der Wendeschleife des Bauernhofes gehen wir geradeaus in einen geschotterten Weg, der in den Wald führt. Auf diesem Wegabschnitt bis zur Mangfallbrücke ignorieren wir kleinere Wege, die zu beiden Seiten abzweigen. An einer Weggabelung – zur Orientierung stehen hier die Wegweiser »Kleinhöhenkirchen« linker Hand und »Grub« in der Gegenrichtung – gehen wir rechts wieder hinunter zum Ufer der Mangfall. (Wenig später zweigt ein idyllischer Waldpfad rechts ab, der zu einigen Uferplätzen an die Mangfall führt. Der Weg endet jedoch an den Uferabbrüchen der Mangfall und ist so nur als Abstecher zu sehen.) An der zuvor beschriebenen Weggabelung gehen wir also geradeaus weiter und gelangen so an den Uferpfad entlang der Mangfall. Dann wenden wir uns rechter

Nach Hohendilching

Bei Grub stürzt die Mangfall über Stufen abwärts.

Trinkwasserleitung

Eine mächtige Trinkwasserleitung versorgt München aus dem Gewinnungsgebiet am Taubenberg. Bis 1998 erneuerten die Stadtwerke die über 100 Jahre alte Leitung. Dazu mussten kilometerlange Stollen vorangetrieben werden. Ein Starttunnel stand im Mangfalltal bei der Grubmühle.

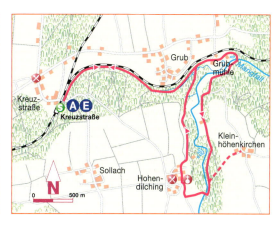

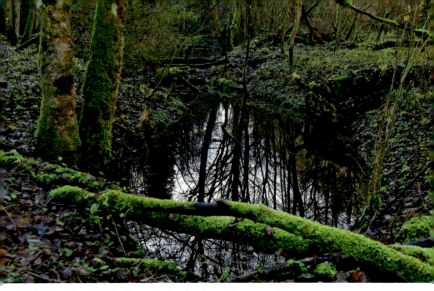

Viel Moos überzieht die Bäume in den feuchten Altwassergebieten.

Hand über die Brücke der Mangfall mit dem Wegweiser »Hohendilching«. Steil bergauf führt nun die kleine Straße in den Ort. Hier setzen wir die Runde an einer Straßengabelung rechter Hand mit dem Wegweiser »Grub, Grubmühle« fort. Der geschotterte Weg führt wieder bergab auf halber Höhe über der Mangfall. An der nächsten Weggabelung geht es dann linker Hand mit dem Wegweiser »Kreuzstraße« zurück zum Ausgangspunkt am gleichnamigen S-Bahnhof. Die restliche Wegstrecke entspricht also wieder der des Hinwegs.

Kleinhöhenkirchen

Kleinhöhenkirchen ist eine alte Bauernwallfahrt. St. Maria mit einem hübschen Kuppelturm gehörte ursprünglich zum Kloster Weyarn. Die Kirche entstand um 1770. Die Deckengemälde schuf Josef Anton Höttinger im Jahr 1773. An die Kirche schließt eine Seitenkapelle mit einem Marienbild an. Zur Ausstattung gehören auch schöne Votivtafeln aus dem 18. und 19. Jh. Hierzu gehen Sie an der beschriebenen Abzweigung linker Hand hinauf zum Steilufer der Mangfall und weiter bis nach Kleinhöhenkirchen. Diesen Weg empfehle ich Ihnen dann auch wieder zurück, um auf dem beschriebenen Wanderweg weiterzugehen. Dadurch verlängert sich die Gehzeit um etwa eine Stunde.

Nach Hohendilching

Der Messner von Föching

Woher der Name Teufelsgraben kommt, erzählt eine abenteuerliche Geschichte. Der Teufel wollte einst die Isar umleiten – sie sollte in den Chiemsee fließen. Dazu hob er einen Graben aus. Der Messner von Föching an der Mangfall kam des Weges und machte sich über den Plan lustig. Der Teufel bot ihm eine Wette an: Bis zum Frühläuten sollte das Werk vollbracht sein. Der Messner aber läutete schon um drei Uhr die Glocken. So verlor der Teufel die Wette und sein Plan blieb unvollendet.

Hohendilching wurde geschickt vor Hochwasser geschützt am Hochufer der Mangfall erbaut.

Mit der S7 nach Kreuzstraße

40 Nach Niederaltenburg
Traumhafte Wege am Ufer der Mangfall

Einer der schönsten Uferwege führt an den Ufern der Mangfall von Grubmühle bis kurz vor Niederaltenburg. Der verwachsene Pfad ist genau das Richtige für abenteuerhungrige und/oder badelustige Familien – sofern es kein Hochwasser gibt.

Vom Bahnhof aus gehen wir rechter Hand zur Hauptstraße und halten uns dort erneut rechts über die Bahngleise. Danach gehen wir gleich linker Hand und folgen dem Wegweiser »Rundweg Valley«. Wir unterqueren den Viadukt einer Trinkwasserleitung, setzen an der nächsten Weggabelung mit dem Wegweiser »Grub« die Tour geradeaus fort und gelangen so im weiteren Verlauf an eine geteerte Nebenstraße, der wir rechter Hand, dem Wegweiser »Kleinhöhenkirchen« entsprechend, folgen. Wir überqueren die Mangfall und nehmen gleich darauf links den Uferweg, wobei wir eine Schranke passieren.

- **Abfahrt:** Ab M-Hbf tief alle 60 Min.
- **Fahrzeit:** 51 Min. (einfach)
- **Fahrpreis:** 3 Zonen/6 Streifen (einfach); Tageskarte Gesamtnetz
- **Route:** Kreuzstraße – Mangfalltal – Niederaltenburg und zurück
- **Weglänge:** 10 km
- **Gehzeit:** 2 ½ Std.
- **Anspruch:** Anspruchsvolle Wanderung an den Ufern der Mangfall, die Trittsicherheit erfordert und nur bei trockenen Wegen begangen werden sollte
- **Einkehr:** Kreuzstraße: Barte-Wirt (B, kurzer Abstecher)

Der Weg führt nun als Pfad am Ufer der Mangfall entlang. Nach etwa einer halben Stunde Gehzeit zweigt er rechter Hand bergauf ab. Nur absolut trittsichere und abenteuerhungrige Wanderer können dem anderen Pfad geradeaus, der teilweise schon verwachsen ist, an der Mangfall folgen. Deshalb brauchen Sie hier ein gutes Gespür für den Weg. Ich empfehle Ihnen den nach rechts abzweigenden Weg bergauf, der immer in Mangfall-Nähe bleibt und später wieder in den anderen Weg mündet. Wenn der Pfad sich rechts erneut vom Mangfallufer abwendet und an der Gänse- und Entenfarm Niederaltenburg vorbeiführt, sind Sie im Grunde schon zu weit gegangen. Spätestens hier empfehlen wir Ihnen, wieder auf dem Hinweg über diesen idyllischen Weg umzukehren, zurück zum Ausgangspunkt, dem S-Bahnhof Kreuzstraße.

Die schönsten Uferplätze an der Mangfall

Die Mangfall bei Niederaltenburg

Die schönsten Uferplätze für ein erfrischendes Bad befinden sich entlang der Mangfall zwischen der Mangfallbrücke bei Grubmühle und dem Abzweig zur Gänse- und Entenfarm in Niederaltenburg. An zwei Stellen hängt hier an einem Baum ein Seil mit einem Reifen über der Mangfall. Wirklich idyllische schattige Badeplätze sind das hier! Allerdings sollten Sie hier nur während längerer trockener Wetterperioden baden. Denn nach stärkeren Regenfällen kann die Mangfall anschwellen. Dann ist die Strömung zu stark, um hier ein erfrischendes Bad zu nehmen. Der Pfad verläuft übrigens genau am Knie der Mangfall, an der Stelle, wo sie zunächst nach Norden zieht und dann einen Bogen nach Südosten nimmt.

Das Knie der Mangfall

Gewöhnlich fließen ja alle Flüsse in Oberbayern nach Norden, um dort in die Donau zu münden. Die Mangfall hingegen fließt vom Tegernsee bei Gmund ab und durchbricht die würmeiszeitliche Randmoräne, um dann östlich über Bruckmühl, Bad Aibling und Kolbermoor in Rosenheim in den Inn zu münden.

Niederaltenburg

Der Gutshof in Niederaltenburg wird mit einem weitläufigen Areal als Gänse- und Entenfarm betrieben.

Mit der S7 nach Kreuzstraße

41 Rundtour nach Valley
Uferidylle am Wasser

An den Ufern der Mangfall führt unterhalb von Hohendilching ein idyllischer Uferweg bis unterhalb von Valley und auf der gegenüberliegenden Flussseite wieder nach Hohendilching zurück.

Vom Bahnhof aus gehen wir rechter Hand zur Hauptstraße. Dort halten wir uns erneut rechts, über die Bahngleise. Danach biegen wir gleich nach links und folgen dem Wegweiser »Rundweg Valley«. Wir unterqueren den Viadukt einer Trinkwasserleitung und folgen dann an der nächsten Weggabelung rechter Hand dem Wegweiser »Hohendilching«. Über einen geschotterten Weg gelangen wir nun am Hochufer der Mangfall hinauf nach Hohendilching. Dort geht es an einer Straßengabelung links (ohne Beschilderung; in der Gegenrichtung steht hier das Schild »Kreuzstraße«), vorbei an der Kirche und entsprechend dem Schild »Valley« steil bergab ins Mangfalltal. An der folgenden Weggabelung wandern wir linker Hand beim Schild »Kleinhöhenkirchen« über die Mangfallbrücke. Gleich danach führt rechts der schmale Uferweg (Wegweiser »Valley«) entlang der Mangfall. Dabei passieren wir einige Hangstufen – etwas Gespür für den Weg ist hier erforderlich. An Weggabelungen hält man sich immer eher rechts, in Nähe der Mangfall, ohne dabei zu nahe an die Steilabbrüche zu kommen. Ein kleiner Bach muss dabei ohne Brücke überquert werden – auch hier ist Trittsicherheit gefragt. An einer Forststraße angelangt, wandern wir rechts (ohne Beschilderung) weiter. Wir kommen auf eine geteerte Fahrstraße, der wir rechter Hand hinunter zur Mangfallbrücke folgen. Gleich danach, am Ortschild »Valley«, biegen wir wieder rechts ab und folgen

- ■ **Abfahrt:** Ab M-Hbf tief alle 60 Min.
- ■ **Fahrzeit:** 51 Min. (einfach)
- ■ **Fahrpreis:** 3 Zonen/6 Streifen (einfach); Tageskarte Gesamtnetz
- ■ **Route:** Kreuzstraße – Mangfalltal – Valley – Hohendilching – Kreuzstraße
- ■ **Weglänge:** 13 km
- ■ **Gehzeit:** 2 ¾ Std.
- ■ **Anspruch:** Anspruchsvolle Wanderung an den Ufern der Mangfall, die Trittsicherheit erfordert und nur bei trockenen Wegen begangen werden sollte
- ■ **Einkehr:** Valley: Kirchenwirt (B, Abstecher 1,5 km bergauf); Kreuzstraße: Barte-Wirt (B, kurzer Abstecher)

Rundtour nach Valley

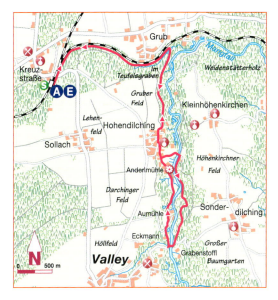

Oft können wir Kajakfahrer in der Mangfall beobachten.

dem Schild »Hohendilching, nicht für Reiter und Radfahrer« (das wir in der Folge nicht mehr erwähnen). An der nächsten Weggabelung gehen wir dann geradeaus und erreichen so die Anderlmühle. Hier führt auf einer kleinen Fahrstraße der Weg zurück nach Hohendilching. Die restliche Wegstrecke zum Bahnhof Kreuzstraße entspricht dem Hinweg dieser Rundwanderung. Wer von der Mangfallbrücke nach Valley gehen möchte, kann über die Straße aufsteigen, um zur Mangfallbrücke zurückzukehren. Dadurch verlängert sich die Gehzeit um etwa eine Stunde.

Valley

Der Ort gilt als älteste Siedlung im gesamten Landkreis Miesbach. Ein römischer Meilenstein aus der Archäologischen Staatssammlung München erzählt von der früheren Bedeutung dieses Ortes mit seiner Burg. 1800 war er Sitz eines Oberen und Unteren Gerichts der gleichnamigen Grafschaft. Immer wieder änderten sich seitdem die Verhältnisse, bis Graf Arco den Besitz übernahm. Bis heute noch hat das Grafengeschlecht Einfluss auf diesen Ort, der idyllisch hoch über der Mangfall liegt.

Mit der S4 nach Kirchseeon

42 Egglburg und Ebersberg

Die Ziel-Stadt dieser Tour war einst kultureller Mittelpunkt Bayerns

Von der Nordseite des Bahnhofes gehen wir nach rechts auf der Wasserburger Straße in östlicher Richtung. An einer Straßengabelung biegen wir rechter Hand in die St.-Coloman-Straße nach Kirchseeon-Dorf, dann links in die Osterseeoner Straße, die unter der B304 hindurch und auf der Forstseeoner Straße weiter nach Forstseeon führt. Am Ortsbeginn wenden wir uns wieder nach rechts auf den Feldweg gen Osten, der uns durch Felder, am Waldrand und wieder durch Ackerland nach Vorderegglburg führt. Die nächsten Wegabzweigungen werden nicht beachtet. In Vorderegglburg schwenken wir nach links und wandern nun nach Norden, an der Egglburger Kirche vorbei nach Hinteregglburg und weiter sanft bergab zum See hinunter.

- **Abfahrt:** Hinfahrt ab M-Hbf tief alle 20 Min.
- **Fahrzeit:** Hinfahrt 33 Min.; Rückfahrt ab Ebersberg 50 Min. (alle 20/40 Min.)
- **Fahrpreis:** Hinfahrt 2 Zonen/4 Streifen; Rückfahrt 3 Zonen/6 Streifen; Tageskarte Gesamtnetz
- **Route:** Kirchseeon – Forstseeon – Vorderegglburg – Egglsee – Ebersberg
- **Weglänge:** 10 km
- **Gehzeit:** 2 ½ Std.
- **Anspruch:** Besonders reizvolle Wanderung durch hügeliges Bauernland und schöne Waldstücke, auf Uferwegen mit weiten Ausblicken ins Land
- **Einkehr:** Ebersberg: Hölzerbräu, Unterbräu, Trattoria Italiana

Wir gehen nun durch das Naturschutzgebiet um den See nach Nordosten und schwenken nach Südosten in die Allee alter Eichen ein. An der nächsten Wegkreuzung wandern wir rechter Hand wieder zum Ufer des Egglburger Sees. An der darauffolgenden gehen wir rechts, nach wenigen Metern dann, kurz vor dem Weiler Egglsee, links vorbei am Seeweberweiher nach Osten. Weiter führt der Weg am Langweiher und am Klostersee entlang nach Ebersberg. Hier folgen wir der Eberhardstraße rechts, dem Richardisweg links, der Sempt- und der Sieghartstraße geradeaus und erreichen so den Marienplatz. Nun folgen wir der Bahnhofstraße linker Hand an St. Sebastian vorbei. Anschließend geht es nur noch wenige Meter rechter Hand bis zum S-Bahnhof von Ebersberg. Ebenso gut können Sie aber auch vom Marienplatz direkt über die Altstadtpassagen zum Bahnhof gelangen.

Egglburg und Ebersberg

Tipp

An warmen Tagen lädt der Klostersee im letzten Drittel der Tour zu einer erfrischenden Abkühlung ein.

Namenkunde

Wahrscheinlich stammt der Ortsname Ebersberg vom Vornamen Eberhard ab, denn ein Enkel des Gaugrafen Sighart mit diesem Namen baute den von seinem Vater Rathold 911 gerufenen Augustinern ein Kloster.

Viele Seerosen wachsen im Eggelburger See.

Klosterkirche St. Sebastian

Die frühere Klosterkirche St. Sebastian in Ebersberg ist eines der wichtigen kunsthistorischen Denkmäler im Münchner Umland. Sie wurde 934 als frühromanische Basilika errichtet und um 1230 als Münster in spätromanischem Stil neu aufgeführt. Aus dieser Zeit sind nur noch der Turmunterteil und die Untergeschosse erhalten. Um 1480 baute der Münchner Baumeister Erhard Randeck die Kirche im spätgotischen Stil um.

Mit der S4 nach Ebersberg

43 Aussichtsturm und Museum

Von der Ludwigshöhe gibt es den schönsten Blick ins Land

Vom Aussichtserlebnis am Ebersberger Aussichtsturm zum Walderlebnis auf dem Natur- und Erlebnispfad des Museums Wald und Umwelt bietet diese Rundtour für jeden etwas.

Vom Bahnhof gehen wir das kurze Stück auf der Dr.-Wintrich-Straße über den Bahnhofsplatz nach rechts zur Bahnhofstraße und folgen ihr links zum Marienplatz. Vor dem mächtigen gotischen Rathaus biegen wir rechts nach Norden in die Sieghartstraße ein und nehmen dann die Semptstraße und den Richardisweg. An dessen Ende folgen wir rechter Hand der Eberhardstraße. Dort biegen wir wenig später nach dem Klostersee links in die Straße »Am Priel« ein und gleich wieder rechts, an der nächsten Gabelung wieder rechts in die Heldenallee. An der darauffolgenden Weggabelung gehen wir rechts und gleich wieder links zur Ebersberger Alm.

Nach einer zünftigen Einkehr folgen wir dem Weg in den Wald in nordöstlicher Richtung zum Aussichtsturm mit einer Höhe von 36 Metern – für all jene, die ganz hinauf wollen. Anschließend wandern wir zunächst auf dem Hinweg zurück. Am Klostersee folgen wir der Straße »Am Priel« rechter Hand bis zum Ende des Sees, den wir noch vor dem »Kleinen Weiher« links auf dem Benno-Scharf-Weg umrunden. Dann zweigen wir links in die Josef-Maier-Promenade ab, der wir weiter am See entlang folgen. Am Ende des Sees biegen wir rechter Hand in die Eberhardstraße ein. Die restliche Wegstrecke zurück zum Bahnhof in Ebersberg entspricht dem Hinweg. Wer noch etwas bummeln möchte, kann vom Marienplatz auch über die Altstadtpassage zurück zum Bahnhof in Ebersberg gelangen. Von dort geht es wieder zurück nach München.

- ■ **Abfahrt:** Ab M-Hbf tief alle 20/40 Min.
- ■ **Fahrzeit:** 50 Min. (einfach)
- ■ **Fahrpreis:** 3 Zonen/6 Streifen (einfach); Tageskarte Gesamtnetz
- ■ **Route:** Ebersberg – Ludwigshöhe – Klostersee – Ebersberg
- ■ **Weglänge:** 4 km
- ■ **Gehzeit:** 1 Std.
- ■ **Anspruch:** Wanderung zumeist auf breiten Schotterwegen zum Aussichtsturm; nach der Umrundung des Klostersees geht es zurück nach Ebersberg
- ■ **Einkehr:** Ebersberg: Ebersberger Alm (B), Hölzerbräu, Unterbräu, Trattoria Italiana

Aussichtsturm und Museum

Das Museum Wald und Umwelt Ebersberg

Die Einrichtung unweit der Ebersberger Alm ist eng verknüpft mit der Umweltbildungsstätte. Das Museum vermittelt Orientierungswissen und gibt dabei auch Denkanstöße; zudem werden zeitlich begrenzte Sonderausstellungen organisiert. Im angrenzenden Ebersberger Forst verläuft hier der Natur- und Erlebnispfad, auf dem es viel auszuprobieren gibt. So können Sie auf dem Barfußweg verschiedene auf dem Boden liegende Materialien begehen, zum Beispiel Tannenzweige. Wissenswertes gibt es im Freigelände wie auf der Wildobststation zu erfahren (Informationen erhalten Sie auf der Homepage unter www.museumwaldundumwelt.de).

Ausstellungsräume im Museum Wald und Umwelt

Tipp

Ganze 36 Meter misst der Ebersberger Aussichtsturm. Zusammen mit den 617 Metern der Ludwigshöhe ergibt sich von hier oben an klaren Tagen ein traumhaftes Panorama. Heimatfreunde wollen vom Aussichtsturm 424 Alpengipfel gezählt haben. Der erste Fotograf von Ebersberg, Josef Maier, später zum Ehrenbürger der Stadt ernannt, hat vor vielen Jahren in mühsamer Kleinarbeit eine Karte der Gipfelkette mit Angaben über Entfernung und Höhen angefertigt.

Mit der S2 nach Poing

44 Zum Wildpark Poing

Erlebnis-Tour durch den wildreichsten Park Deutschlands

Wer Hirsche, Schafe, Ziegen oder Ponys hautnah erleben möchte, ist im Wildpark Poing genau richtig: Denn hier lassen sich viele der fast wie in freier Natur aufwachsenden Tiere streicheln – ein ganz besonderes Erlebnis für Groß und Klein.

Vom S-Bahnhof in Poing folgen wir in Fahrtrichtung Erding am Bahnsteig den Wegweisern »Wildpark«, die wir in der Folge nicht mehr erwähnen. Wir gehen neben der Straße zur Ampelkreuzung in Poing, dann nach links Richtung Anzing in die Hauptstraße bis zur Schwabenerstraße. Dieser folgen wir erneut links nur wenige Meter, dann zweigt rechter Hand der Osterfelderweg ab, dem wir folgen. Im weiteren Verlauf führt ein Fußweg neben der Straße zu den Parkplätzen des Wildparks und weiter zu dessen Eingang. Nun begeben wir uns auf den Rundweg durch den Wildpark, der im nächsten Abschnitt beschrieben ist. Am Ende des Rundweges gehen wir zum Ausgang des Wildparkes und nehmen denselben Weg zurück zum Bahnhof nach Poing.

- **Abfahrt:** Ab M-Hbf tief alle 20 Min.
- **Fahrzeit:** 28 Min. (einfach)
- **Fahrpreis:** 2 Zonen/4 Streifen (einfach); Tageskarte München XXL
- **Route:** Poing – Wildpark und zurück
- **Weglänge:** 7 km (inkl. Rundweg im Wildpark)
- **Gehzeit:** 1 ½ Std. (ohne Besichtigungszeiten)
- **Anspruch:** Leichte Wanderung, im Wildpark als Rundweg durch den Park
- **Einkehr:** Wildpark Poing: Kiosk; Poing: La Piazzetta (Abstecher)

Der Wildpark Poing

Der Wildpark Poing wurde 1959 gegründet. Vier Kilometer lang ist der Rundweg des wildreichsten Parks Deutschlands durch Wald und Wiese, auf dem man das ganze Jahr über die Tiere fast wie in Freiheit erleben kann. Ein ganz besonderes Erlebnis ist es, wenn sie ganz nah an den Besucher herankommen – die meisten davon lassen sich streicheln, zum Beispiel Hirsche, Schafe, Ziegen oder Ponys. Wölfe und Luchse sind in ihren Gehegen zu besichtigen. Im weiteren Verlauf des Rundweges folgen Fischbecken, Vogel-Volieren und ein Feuchtbiotop. Die Bären Maja, Mette und Molly sind in einem separaten Gehege zu besichtigen. Dazwischen lädt eine Pick-

Auch Erwachsene haben ihren Spaß an der Begegnung mit den Waldtieren, für deren Besuch wir einen kleinen Eintritt bezahlen müssen.

nickwiese zur Rast ein. Wasserspielplatz, Westernfort und Abenteuerspielplatz lassen den Tag für Kinder zu einem besonderen Erlebnis werden.

Poing

Eine ununterbrochene Besiedelung im Gebiet von Poing ist durch archäologische Funde seit 2880 v. Chr. aus der Jungsteinzeit nachgewiesen. 2004 entdeckte man zudem im Gemeindegebiet das Fürstengrab und römische Landgüter aus der Bronzezeit. Der Ort entwickelte sich in den letzten Jahrzehnten aufgrund der Ausweisung von Baugebieten zur zweitgrößten Gemeinde im Landkreis Ebersberg. Der Name Poing fällt auch immer, wenn es um den Zweiten Weltkrieg geht. Ein Zug mit jüdischen KZ-Häftlingen musste wegen technischer Probleme in Poing halten und die Wachmannschaften öffneten die Türen. Die Gefangenen versuchten zu fliehen, doch die SS eröffnete das Feuer. 50 von 500 Menschen starben, 200 weitere wurden verletzt, immerhin 250 konnten aber entkommen.

Mit der S2 nach Erding

45 Um den Kronthaler Weiher

Die Sempt schenkte der Stadt zwei natürliche Burggräben

Vom alten Stadtkern Erdings führt diese Rundwanderung über Wiesen und Felder zum beschaulichen Kronthaler Weiher, dem Naherholungsgebiet der Erdinger mit attraktivem Freizeitgelände.

Vom Bahnhof gehen wir in westlicher Richtung auf der Geheimrat-Irl-Straße über die Brücke des Saubaches. Dann folgen wir den Wegweisern »Stadtmitte« rechter Hand durch die Zollnerstraße zum Schrannenplatz, den wir halb links überqueren. Anschließend biegen wir nach rechts in die Lange Zeile ein. Weiter geht es in der Verlängerung durch die Straße »Am Gries« nordwärts, dann halbrechts durch die Unterführung. Der Schützenstraße folgen wir nordwärts durch die Kleingartenanlage. An deren Ende halten wir uns rechts, vorbei am Parkplatz der Kleingartenanlage, dann nehmen wir linker Hand den Feldweg nach Norden bis nach Langengeisling. Dort gehen wir auf der Fehlbachstraße geradeaus (nicht rechts, auch wenn diese Straße ebenfalls dorthin führt). An deren Ende biegen wir nun links auf eine Nebenstraße, laufen vorbei am Ortsendeschild von Langengeisling und über die Brücke des Saubaches. Anschließend geht es halbrechts auf einen Feldweg in nordwestlicher Richtung.

An der nächsten Weggabelung wandern wir linker Hand zum Baggersee. Auf einem kleinen Pfad, der später am Freizeitgelände in einen Spazierweg mündet, geht es um den See. In Höhe des Beach-Volleyball-Platzes und der Tischtennisplatten gehen wir an einer Weggabelung rechts und folgen der Nebenstraße entlang des Saubaches in südlicher Richtung. Wenig später nehmen wir die Fußgängerbrücke über diesen Fluss und gehen gleich wieder rechts durch die

- **Abfahrt:** Ab M-Hbf tief alle 20/40 Min.
- **Fahrzeit:** 53 Min. (einfach)
- **Fahrpreis:** 3 Zonen/6 Streifen (einfach); Tageskarte Gesamtnetz
- **Route:** Erding – Kronthaler Weiher (Umrundung) – Erding
- **Weglänge:** 6 km
- **Gehzeit:** 1 ¼ Std.
- **Anspruch:** Wanderung durch ebenes Wiesen- und Ackerland auf Feldwegen sowie rund um den Kronthaler Weiher
- **Einkehr:** Erding: Erdinger Weißbräu (B), Zur Post, Gasthof Blumenhof in der Kleingartenanlage (B), Kiosk am Kronthaler Weiher

An der Sempt

Kleingartenanlage, vorbei am Gasthof Blumenhof. Die restliche Wegstrecke zurück zum Bahnhof nach Erding entspricht dem Hinweg.

Erding

Erding ist eine Neugründung der Wittelsbacher um 1228. Den südlich gelegenen, viel älteren erzbischöflich-salzburgischen Pfarrort, der aus dem Königshof Ardeoingas, im 9. Jh. ein Geschenk König Arnulfs an die Salzburger Kirche, entstanden war, nannte man zur Unterscheidung Altenerding. Schon um 1250 war hinter den Wassergräben der beiden Semptarme ein Mauerring gezogen worden. Im 15. Jh. kamen Wehrgänge und Türme hinzu. Seit 1347 ist Erding Stadt und Sitz eines bayerischen Pfleggerichts. 1756 wurde es mit dem Pfleggericht Dorfen verbunden und kam 1837 zu Oberbayern (vorher Niederbayern). Das Erdinger Stadtwappen übrigens weist mit der schräg liegenden Pflugschar, auch als Pflugeisen bekannt, auf die Übereinstimmung mit dem längst vergessenen keltischen Wort »Ard« (für Pflugmesser). In diesem Zusammenhang steht der hiesige Dialekt für den Ort Erding, der wie »Arding« ausgesprochen wurde.

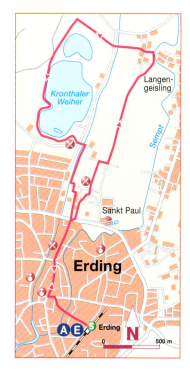

Mit der S2 nach Erding

46 Aufkirchener Runde

Ein schlanker Zwiebelturm beherrscht das Land

Von Erding aus, seit Anfang diesen Jahres zur Großen Kreisstadt erhoben, führt die Wanderung über Wiesen und Felder zur interessanten Pfarrkirche St. Johannes der Täufer in Aufkirchen und wieder zurück.

Wie in Tour 45 starten wir vom Bahnhof in westlicher Richtung auf der Geheimrat-Irl-Straße über die Brücke des Saubaches. Dann folgen wir den Wegweisern »Stadtmitte« rechter Hand durch die Zollnerstraße zum Schrannenplatz, den wir halb links überqueren. Anschließend biegen wir nach rechts in die Lange Zeile ein. An ihrem Ende nehmen wir links die Freisinger Straße, folgen hinter der Kreismusikschule dem Rennweg und überqueren später die Sigwolfstraße (Kreisverkehr). Hier gehen wir weiter geradeaus. An der Tankstelle mündet die Straße nun in einen Feldweg, vorbei am Gelände des Erdinger Weißbräus. An der nächsten Weggabelung gehen wir geradeaus, dann gleich wieder rechts durch die Unterführung der Durchgangsstraße. Gleich darauf nehmen wir links den Feldweg neben der Straße, der bald in einer Rechtskurve nach Aufkirchen führt und in einen Rad- und Fußweg mündet. Auf der Dorfstraße laufen wir durch Aufkirchen und nehmen dann rechts die Christian-Jorhan-Straße, die in einen Feldweg mündet. An der nächsten Weggabe-

- **Abfahrt:** Ab M-Hbf tief alle 20/40 Min.
- **Fahrzeit:** 53 Min. (einfach)
- **Fahrpreis:** 3 Zonen/6 Streifen (einfach); Tageskarte Gesamtnetz
- **Route:** Erding – Aufkirchen – Isarkanal – Niederding – Erding
- **Weglänge:** 9 km
- **Gehzeit:** 2 ¼ Std.
- **Anspruch:** Leichte Wanderung durch ebenes Wiesen- und Ackerland, überwiegend auf Feldwegen mit einem Teilstück durch die sehenswerte Erdinger Altstadt
- **Einkehr:** Erding: Erdinger Weißbräu (B), Zur Post(B), Boef a la Mode

Landkreis Erding
Fast drei Viertel der Fläche des Landkreises Erding von rund 870 Quadratkilometern werden landwirtschaftlich genutzt. Zehn Prozent sind Wald, überwiegend Fichtenbestände auf ärmeren Hügellandböden. Die Bodengüte reicht von fruchtbaren Lößböden im Hügelland bis zu den an Auszehrung leidenden Moosböden.

Am kleinen Platz in Erding

lung nehmen wir dem Feldweg linker Hand und gelangen so zum Isarkanal, dem wir in nördlicher Richtung folgen. Dabei unterqueren wir eine Brücke. Nachdem wir die nächste Brücke unterquert haben, gehen wir rechts vorbei an der Schranke auf die Straße, der wir ein kurzes Stück in östlicher Richtung folgen. Am Ortsendeschild von Niederding geht der Weg rechter Hand in den Klosterweg über. An der Wegkreuzung vor der Photovoltaikanlage wenden wir uns nach links und wandern auf einer geteerten Nebenstraße geradeaus. Erneut unterqueren wir die Durchgangsstraße und gelangen so auf die Anton-Bruckner-Straße, die wir rechts weitergehen. Auch an der Sigwolfstraße halten wir uns rechts bis zum Kreisverkehr am Rennweg, dem wir nun linker Hand folgen. Die restliche Wegstrecke zurück zum Bahnhof in Erding ist identisch mit dem Hinweg.

Die Pfarrkirche St. Johannes der Täufer

Mit ihrer bemerkenswerten Lage auf einer kleinen Anhöhe beherrscht die Pfarrkirche St. Johannes der Täufer in Aufkirchen das Land ringsum. Der geräumige Saalbau mit stattlichem Zwiebelhaubenturm aus der Zeit um 1760 wird Johann Baptist Leuthner zugeschrieben. Er besitzt schöne Rokokoaltäre. Die Tabernakelengel und Putten am Hochaltar schuf Christian Jorhan d. Ä. im Jahr 1771. Die rechteckige Kanzel mit den Halbfiguren der Evangelisten und Kirchenväter wurde in der ersten Hälfte des 18. Jh. gefertigt. Die Kirche erreichen Sie über den Kirchberg in Aufkirchen.

Mit der S2 nach Altenerding

47 Nach Pretzen und Aufhausen
Ruhige, beschauliche Wanderung

Durch Acker- und Mooslandschaft hat sich die Sempt ihren Weg gebahnt. Sie mündet zwischen Landshut und Moosburg in den Mittlere-Isar-Kanal.

Vom S-Bahnhof in Altenerding wandern wir auf seiner Ostseite in die Schulfeldstraße rechter Hand südwärts. Dann geht es auf der Bahnhofstraße linker Hand zur Altenerdinger Pfarrkirche Maria Verkündigung, wo wir rechts in die Landgerichtstraße einbiegen, auf der wir die Sempt erreichen. An der Straße »Am Altwasser« gehen wir links über die Sempt und gleich wieder rechter Hand am Fluss entlang, unterqueren die B388 und gelangen so nach Pretzen. Dort wandern wir auf der Tannenstraße weiter und biegen an der Singldinger Straße nach rechts in die Pretzener Straße, überqueren die Semptbrücke und gehen gleich dahinter nach links ins Altenerdinger Moos. Nun bleiben wir in südlicher Richtung in der Nähe des Flusslaufes auf festen Wegen und gelangen so an die Wegkreuzung der Pretzener Straße, der wir in westlicher Richtung über den Kreisverkehr zurück nach Aufhausen zum Bahnhof folgen.

- **Abfahrt:** Ab M-Hbf tief alle 20/40 Min.
- **Fahrzeit:** Hinfahrt 47 Min.; Rückfahrt ab Aufhausen 43 Min.
- **Fahrpreis:** 3 Zonen/6 Streifen (einfach); Tageskarte Gesamtnetz
- **Route:** Altenerding – Pretzen – Aufhausen
- **Weglänge:** 5 km
- **Gehzeit:** 1 ¼ Std.
- **Anspruch:** Leichte Wanderung an der Sempt entlang, auf ebenen, festen Wegen durch Wiesen und Felder in typischer Mooslandschaft
- **Einkehr:** Erding-Bergham: Lindenwirt (B, Abstecher)

Die Wallfahrtskirche Heilig Blut

Die Wallfahrtskirche Heilig Blut am Westrand des Erdinger Stadtparks ist eine geräumige An-

> **Tuff und Salmoniden**
> Sempt und Schwillach gelten bei Fischkennern als ausgezeichnete Gewässer für Salmoniden – gemeint ist darunter die ganze Verwandtschaft der Lachse, zu der auch Forellen gehören. Sie werden im Moos in großen Weihern gezüchtet. Früher wurde in der Region Tuffstein als Baumaterial abgebaut.

Das barocke Kirchenschiff der Wallfahrtskirche Heilig Blut am Erdiger Stadtpark

lage an der Stelle einer einstigen spätgotischen Kirche, der schon ein Kapellenbau von 1300 vorausging. Sie wurde 1675 von dem Erdinger Stadtbaumeister Hans Kogler errichtet. Unter dem Altarraum ist eine kreuzförmige Krypta angelegt, um den Ort des legendären Hostienwunders zugänglich zu machen. Man betritt sie über Stufen vom Altarraum. Die reiche Stuckdekoration aus Pflanzenelementen am Tonnengewölbe des Kirchenraumes schuf Johann Georg Baader 1704, die Deckengemälde wurden im gleichen Jahr erneuert. Die Hochaltargemälde Kreuzigung und Pietà sind Werke von Johann Andreas Wolff (1697), die Seitenaltäre schuf Johann Degler. Die Kirche erreichen Sie über die Bahnhofstraße, die Münchener Straße und den Heilig-Blut-Weg.

Mit der S2 nach Ottenhofen

48 Rundtour nach Sonnendorf
Äcker, Bäche und Kirchen säumen den Weg

Ottenhofen bedeutete »bei den Höfen des Otto«. Genannt wurde der Ort schon vor 900 Jahren in einer Freisinger Schenkungsurkunde von 1078 als Sitz der Edlen von Ottenhofen.

Von der Ostseite des Bahnhofs Ottenhofen gehen wir rechts auf die Raiffeisenstraße, nehmen dann links die Erdinger Straße und biegen wieder links in die Schwillacher Straße ein. Am Abzweig in die Herdwegerstraße folgen wir linker Hand der Schwillacher Straße. An der nächsten Weggabelung gehen wir aber links in einem weiten nordöstlichen Bogen nach Unterschwillach. Durch die Bahnunterführung führt der Weg auf der Dorfstraße in den Ort hinein, dann nach links und über die Schwillach auf der Oberschwillacher Straße. Nun biegen wir gleich wieder links ab über die Bahnlinie und dann nach rechts bergauf zum Weiler Dürnberg mit seinem Gästehaus. Hier geht es in einer Linkskurve weiter.

Dann wenden wir uns nach Norden zu einem Waldstück. Immer am Waldrand gehen wir zunächst links, dann rechts und wandern weiter in nördlicher Richtung bis Sonnendorf – stets auf dem Weg bleibend. Den Ort durchqueren wir geradeaus in nördlicher Richtung. Nach einer scharfen Linkskurve halten wir uns dann an der Gabelung links und erreichen bergab in Richtung Maiszagl an der Wegkreuzung die Straße nach Unterschwillach, der wir linker Hand folgen. Dann gehen wir am nächsten Feldweg, der in einer weiten Linkskurve nach Süden führt, rechts auf dem Steinweg zurück zur Schwillacher Straße, die uns wieder zum S-Bahnhof nach Ottenhofen bringt. Ab der Schwillacher Straße entspricht der Rückweg dem Hinweg.

- **Abfahrt:** Ab M-Hbf tief alle 20/40 Min.
- **Fahrzeit:** Hinfahrt 37 Min.; Rückfahrt 39 Min.
- **Fahrpreis:** 3 Zonen/6 Streifen (einfach); Tageskarte Gesamtnetz
- **Route:** Ottenhofen – Unterschwillach – Dürnberg – Sonnendorf – Maiszagl – Ottenhofen
- **Weglänge:** 9 km
- **Gehzeit:** 2 Std.
- **Anspruch:** Wanderung durch hügeliges Wiesen- und Ackerland auf wenig befahrenen Straßen und auf Feldwegen mit schönen Ausblicken ins Land
- **Einkehr:** Ottenhofen: Schlossgaststätte

Rundtour nach Sonnendorf

St. Katharina in Ottenhofen

Unter Beibehaltung romanischer Teile wurde die Ottenhofener Kirche St. Katharina um 1700 erbaut. Sie besteht aus einem einfachen Bau mit sparsamem Rahmenschmuck am Deckengewölbe. Der Altarraum ist durch einen Triumphbogen abgeteilt. Die Kirche besitzt drei Altäre aus dem 17.Jh. mit Heiligenfiguren, die schon um 1500 entstanden sind. Bemerkenswert sind weiterhin der heraldische Grabstein von Gerhart Ottenhofer – er starb 1429 – und die Rotmarmor-Grabplatte mit reichem Wappen von Friedrich Eßwurm, der im Jahre 1556 starb.

In Ottenhofen wird die Sempt an der Hammerschmiede gestaut.

St. Stephanus in Unterschwillach

In der Dorfstraße 7 finden wir die Katholische Filialkirche St. Stephanus. Die Architektur besticht durch den barocken Saalbau mit eingezogenem, halbrundem Chor und Zwiebelturm.

Mit der S8 nach Ismaning

49 Nach Freising
Weite Wanderung durch die Isarauen

Wer sich auf den Weg von Ismaning nach Freising macht, wandert fast auf der gesamten Tour in Isarnähe, die idyllische Plätzchen bereithält.

Wir verlassen den Bahnhof Ismaning auf seiner westlichen Seite und gehen nach rechts auf dem Bahnhofsplatz zur Aschheimer Straße, der wir linker Hand folgen. An deren Ende geht es links in die Straße »An der Torfbahn«. Wir überqueren die Erich-Zeitler-Straße und gelangen so über den Kirchplatz und rechts in die Schloßstraße. Dabei überqueren wir die Münchener Straße. Ebenso kreuzen wir die Auenstraße und gehen dann weiter geradeaus über die Garchinger Straße

■ **Abfahrt:** Ab M-Hbf tief alle 20/40 Min.
■ **Fahrzeit:** Hinfahrt S8 24 Min.; Rückfahrt S1 ab Freising 43 Min., RE ab Freising 25 Min. (alle 20/40 Min.)
■ **Fahrpreis:** Hinfahrt 2 Zonen/4 Streifen; Rückfahrt 3 Zonen/6 Streifen; Tageskarte Gesamtnetz
■ **Route:** Ismaning – Isarauen – Sportpark Savoyer Au – Freising
■ **Weglänge:** 25 km
■ **Gehzeit:** 5 Std.
■ **Anspruch:** Schöne Wandertour, die gute Kondition voraussetzt, durch die waldigen nördlichen Isarauen auf festen, meist schattigen Wegen
■ **Einkehr:** Achering: Gasthaus Schredl (B, kleiner Abstecher)

Ismaning ist bekannt als großes Krautanbaugebiet.

Nach Freising

zur Isar. Dort biegen wir rechts ein, bleiben nun immer am Ostufer des Flusses und ignorieren Wegabzweigungen in den Auenwald rechter Hand sowie Brücken über die Isar linker Hand. Dabei unterqueren wir die B471, die St2053 und die A92, zuletzt die FS44. Nun bleiben wir auf dem Hauptweg, der rechts vom Ufer weg in den Auwald führt. Auf der rechten Seite befindet sich der Spiel- und Sportpark Savoyer Au. Hier schwenken wir nach links, um näher an das Isarufer heranzukommen. Mit der nächsten Brücke in Höhe Ismaninger/Erdingerstraße überqueren wir die Isar auf der Korbinianbrücke. Danach biegen wir links in die Luipoldtstraße ein und folgen ihr zur östlichen Seite des Bahnhofs Freising. Von den dortigen Parkplätzen sind die Bahnsteige über die Unterführung zu erreichen.

Ismaning

Die Anfänge von Ismaning (alter Name Yserrain) währen bis ins 6. Jh., also in die Zeit der bajuwarischen Besiedlung. Erstmals urkundlich erwähnt

Tipp

Die »Gottesackerkirche« St. Mariä (auf dem »ellenden Freithof«, Prinz-Ludwig-Straße/Kammergasse) in Freising wurde 1545 vollendet und 1549 geweiht. Es ist eines der letzten Werke der altbayerischen Spätgotik. Ende des 17. Jh. wurde die Kirche barock verändert. Die Muttergottesdarstellung auf dem Hochaltar von 1760 stammt aus der zweiten Hälfte des 17. Jh. In dieser Zeit entstanden zudem die Figuren auf den Seitenaltären. Außen und an der Friedhofsmauer finden sich bemerkenswerte Grabsteine. Sie erreichen die Kirche über die Bahnhofstraße und die Ziegelgasse.

wird Ismaning im Jahre 809, als der Freisinger Bischof Atto hier einen Rechtsstreit schlichtete.

Die Isarauen zwischen Freising und Ismaning

Wer die Isarauen zwischen dem Englischen Garten und dem Aumeister kennt, wird überrascht sein, wie viele ruhige und idyllische Plätzchen es auch an Sommertagen hier in den Auwäldern noch gibt.

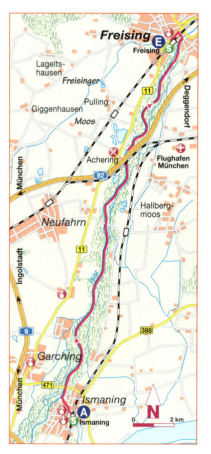

Auch nördlich von München finden sich hübsche Plätze in den Isarauen.

Freising

Unter dem letzten Fürstbischof Joseph Conrad Freiherr von Schroffenberg, Fürstpropst von Berchtesgaden, kamen mit der Säkularisation die umfangreichen Besitzungen von Freising an Bayern und Österreich. Der Bischofsstuhl blieb bis zur Errichtung der Erzdiözese München und Freising (1818–21) unbesetzt. Auch die Benediktinerabtei Weihenstephan wurde aufgelöst.

Mit der S2 nach Altomünster

50 Rundweg über Halmsried

Aus der Lokalbahn wurde doch noch eine S-Bahn

Die kleine Rundtour von Altomünster über Halmsried bietet ein stetes leichtes Auf und Ab auf durch Wald, Wiesen und Felder – zum Entspannen und die Natur Genießen.

Vom Bahnhof Altomünster gehen wir auf seiner nördlichen Seite auf der Bahnhofstraße nach links. An der nächsten Straßengabelung folgen wir weiter der Bahnhofstraße, nun rechter Hand zum Marktplatz. Von dort geht es erneut in nördlicher Richtung auf der Herzog-Georg-Straße und auf der Dr.-Lang-Straße weiter. An deren Ende nehmen wir die Halmsrieder Straße nach rechts aus dem Ort hinaus. Nach einer Rechtskurve der Halmsrieder Straße wandern wir nach links auf dem leicht ansteigenden Feldweg auf das kleine Waldstück zu, bleiben am Waldrand in einer Rechtskurve und wandern dann sanft bergab zur Fahrstraße, der wir nun nach links bis Halmsried folgen.

Wir durchqueren das Dorf und biegen am Ortsrand rechts auf den Feldweg zum Altoforst ein. Dort schwenken wir in nordöstliche Richtung ein. Die erste, sowie die zweite Weggabelung linker Hand ignorieren wir. Dann wenden wir uns an der nächsten Gabelung nach rechts in südöstliche Richtung, bevor es durch Wiesen und Felder wieder zurückgeht. An einer Kreuzung folgen wir dann rechts der Straße »Zum Altobrünnl« zurück an den Ortsrand von Altomünster. Hier geht es weiter durch die Halmsrieder Straße und auf der vom Hinweg bekannten Route zum Bahnhof zurück. Sie können auch der Halmsrieder Straße bis zu deren Ende kurz vor dem Bahnhof folgen. Dann geht es kurz links und gleich wieder rechts auf der Bahnhofstraße zurück zum Bahnhof.

- **Abfahrt:** Ab M-Tief alle 20 / 40 Min.
- **Fahrzeit:** 59 Min., Anschlüsse sind auf die S 2 abgestimmt
- **Fahrpreis:** 3 Zonen/6 Streifen (einfach); Tageskarte Gesamtnetz
- **Route:** Altomünster – Halmsried – Altoforst – Altomünster
- **Weglänge:** 6 km
- **Gehzeit:** 1 Std.
- **Anspruch:** Ausgedehnter Spaziergang durch offene, hügelige Flur und schönen Hochwald
- **Einkehr:** Altomünster: Maierbräu (B), Kapplerbräu (B)

Rundweg über Halmsried

Die Klosterkirche St. Alto

Die Lokalbahn

Ordentlich stolz war man Anfang des 20. Jh. Im Dachauer Land auf die neue Eisenbahn, die Ludwig Thoma als »Lokalbahn« verewigt hat. In vielen Windungen, um auch alle wichtigen Orte zu erreichen, schnaufte sie seit dem 8. Juli 1912 von Dachau nach Markt Indersdorf und ab dem 22. Dezember 1913 bis Altomünster. Als 1972 das S-Bahn-Netz in Betrieb ging, hätte man sich im Dachauer Land auch eine S-Bahn gewünscht. Es blieb aber mehr oder weniger alles beim Alten. »S Bockerl«, wie die Bahn einst genannt wurde, gehörte zwar zum MVV-System, führte aber lange Zeit noch ein Schattendasein als dieselbetriebene Regionalbahn. 2014 wurde die Strecke elektrifiziert und auf S-Bahn-Standard gebracht. Seither fährt sie als S2 im verdichteten Takt und bietet lang ersehnte Direktverbindungen in die Münchner Innenstadt.

Altomünster

Von der Auflösung des Klosters, des wichtigsten Arbeitgebers, erholte sich Altomünster erst in der zweiten Hälfte des 19. Jh. Seit 1823 war der Ort zur Landgemeinde gesunken – doch ab 1852 wuchs die Einwohnerzahl wieder.

Orts- und Sachregister

Altomünster 138
Ampermoching 24
Anderlmühle 119
Aubinger Lohe 50
Aufhausen 130
Aufkirchen 128
Auing 52
Aying 104, 106

Berg 64
BergTierPark Blindham 108
Bismarckturm 64
Botanischer Garten 29
Bruckenfischer 77
Buchenau 34
Burg Grünwald 94

Dachau 24, 26, 32
Dachauer Schloss 26
Dachauer Volksfest 27
Deininger Weiher 100
Deisenhofen 94, 100
Deixlfurter See 70
Dorfen 78
Dürnberg 132

Ebersberg 120, 122

Ebersberger Aussichtsturm 122
Egglburg 120
Eimerszell 48
Endigna-Linde 34
Erding 126, 128
Eresing 45

Feldafing 66
Forst Kasten 56
Forstseeon 120
Freising 14, 134
Freisinger Domberg 14
Furht 96

Garatshausen 66
Geltendorf 44 f
Gleißental 100
Glonn 104
Gottesackerkirche St. Mariä Freising 135
Grafrath 38 f
Graßlfing 32
Großhelfendorf 106, 108
Großhesselohe 86
Großhesseloher Brücke 89
Großhesseloher Waldwirtschaft 87
Grünwald 88, 94
Gut Holzen 76

Gut Moosschwaige 50

Hackensee 102
Haimhausen 20
Halmsried 138
Harlaching 88
Harthaus 50
Hausen 48
Heilig Blut Erding 130
Herrsching 54
Hinteregglburg 120
Hirschgarten 82
Hohendilching 112, 118
Hohenzell 48
Höllriegelskreuth 86, 88
Holzkirchen 102

Icking 76, 78
Ilkahöhe 74
Isarauen 136
Isartal 86 f
Isartor 90
Ismaning 134

Jexhof 42

Kaiser-Ludwig-Monument Puch 35
Kaiserin-Elisabeth-Museum 60

Kastenseeoner See 104
Kempfenhausen 64
Kiental 54
Kirchseeon 120
Kleinhartpenning 102
Kleinhelfendorf 109
Kleinhöhenkirchen 112
Kloster Andechs 54
Kloster Fürstenfeld 36
Kloster Ottilien 45
Kloster Schäftlarn 76
Klosterkirche St. Sebastian Ebersberg 121
Kreuzstraße 112, 116, 118
Kronthaler Weiher 126
Kuttenmirl 55

Langweiher 120
Lindach 104
Lochhausen 50
Ltenerding 130
Luftfahrtsammlung Oberschleißheim 19

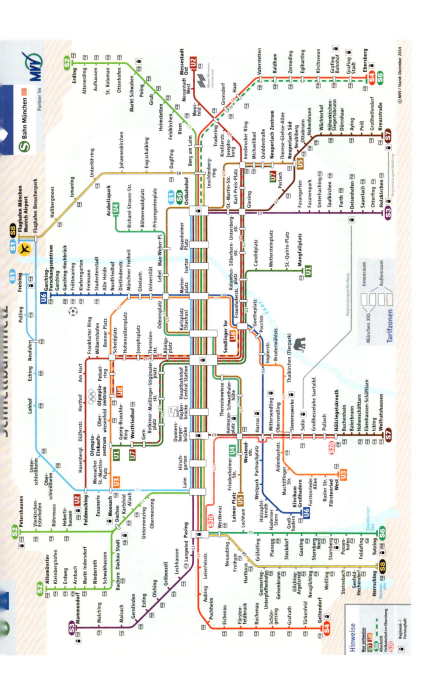

Orts- und Sachregister

Maising 58
Maiszagl 132
Mangfalltal 112, 117
Margaretenkirche Krailing 56
Mariä Verkündung Andechs 54
Mariabrunn 24
Marienklause 89
Marienmühle 20
Mauern 42
Meiling 52
Mühltal 62
Museum Wald und Umwelt Ebersberg 123

Niederaltenburg 116
Nymphenburger Schlosspark 28

Obermenzing 28
Oberschleißheim 18 f
Olching 32
Ottenhofen 132

Paradies bei Possenhofen 60
Perlacher Forst 96
Planegg 56
Pöcking 59
Poing 124
Possenhofen 58
Possenhofen 66, 68
Pretzen 130
Puch 34
Pullach 86
Pullach 90
Pupplinger Au 80

Rieden 62
Röhrmoos 24
Roseninsel 66

Schlederloh 78
Schloss Berg 65
Schloss Haimhausen 22
Schloss Nymphenburg 31
Schloss Oberschleißheim 18
Schloss Possenhofen 59
Schlosscafe im Palmenhaus 31
Schöngeising 36
Seeweberweiher 120
Sichtungsgarten Weihenstephan 14
Sonnendorf 132
St. Emmeran Kleinhelfendorf 110
St. Johannes der Täufer Aufkirchen 129
St. Josef Starnberg 60
St. Katharina Ottenhofen 133
St. Laurentius Holzkirchen 102
St. Maria 114
St. Martin Steinebach 53
St. Nantwein Wolfratshausen 81
St. Ottilien 44
St. Peter und Paul Tutzing 72
St. Petrus Ampermoching 25
St. Rasso Grafrath 38, 42
St. Stephanus Unterschwillach 133
St. Ulrich Eresing 46
Starnberg 58, 64
Starnberg-Nord 62
Starnberger See 67
Starzenbachschlucht 68
Steinebach 53
Steinebach am Wörthsee 38
Stockdorf 56

Taufkirchen 96
Tutzing 66, 70, 74

Unteralting 38, 42
Unterschwillach 132

Valley 118
Veranstaltungsforum Fürstenfeld 36

Walchstadt 41
Waldschmidt-Schlucht 70
Weihenstephan 14
Weßling 52
Westliche Amperauen 26, 33
Wieskirche bei Freising 16
Wildpark Poing 124
Wolfratshausen 78, 80
Wörnbrunn 94
Wörthsee 38, 52
Würmtal 62

Ebenfalls erhältlich ...

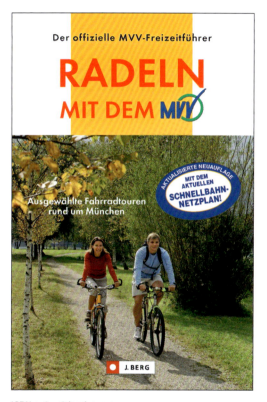

ISBN 978-3-86246-030-4

www.j-berg-verlag.de

Unser komplettes Programm:

www.j-berg-verlag.de

Produktmanagement: Kerstin Thiele
Lektorat: Helga Peterz
Layout: Eva-Maria Klaffenböck
Kartografie: Heidi Schmalfuß, München
Repro: Cromika
Herstellung: Barbara Uhlig
Printed in Italy by Printer Trento

Exklusiv für Sie als Leser:
MIT GPS-DATEN ZUM DOWNLOAD
unter: http://gps.j-berg.de

Alle Angaben dieses Werkes wurden vom Autor sorgfältig recherchiert und auf den aktuellen Stand gebracht sowie vom Verlag geprüft. Für die Richtigkeit der Angaben kann jedoch keine Haftung übernommen werden.
Für Hinweise und Anregungen sind wir jederzeit dankbar. Bitte richten Sie diese an:
J. Berg Verlag
Postfach 400209
D-80702 München
E-Mail: lektorat@verlagshaus.de

Bildnachweis: Alle Fotos von Bahnmüller Bildverlag, Gerestried
Umschlagvorderseite: Kloster Schäftlarn
Umschlagrückseite: Aussicht auf den Starnberger See von der Ilkahöhe

Die Deutsche Nationalbibliothek verzeichnet diese Publikation in der Deutschen Nationalbibliografie; detaillierte bibliografische Daten sind im Internet über http://dnb.d-nb.de abrufbar.

2. aktualisierte Neuauflage
2015 © 2013 J. Berg Verlag in der Bruckmann Verlag GmbH, München
ISBN 978-3-86246-152-3